MOEWIG ARGUMENTE

Zum Buch

Mit der Analyse der engen Beziehungen zwischen dem Vatikan und den faschistischen Regimes dieses Jahrhunderts blättert Karlheinz Deschner ein düsteres Kapitel der Kirchengeschichte auf. Anhand reichhaltigen Materials legt der renommierte Kirchenkritiker dar, daß die katholische Kirche schon frühzeitig die faschistischen Bewegungen in Europa unterstützte. Ob es sich um den Abschluß der Lateranverträge im Jahr 1929, die Unterstützung Francos im Spanischen Bürgerkrieg, die Anerkennung des nationalsozialistischen Regimes in Deutschland durch das Konkordat von 1933 oder die Unterstützung der faschistischen Ustascha in Kroatien handelt: In allen Fällen erwies sich die übertriebene Angst der Kirche vor dem Kommunismus und ihre Idee eines universellen Katholikentums stärker als alle christlichen Lehren von Frieden und Nächstenliebe.

Zum Autor

Karlheinz Deschner, 1924 in Bamberg geboren, lebt als freiberuflicher Schriftsteller in Franken. – Wichtigste kirchengeschichtliche Werke: *Abermals krähte der Hahn,* 1962 (als Taschenbuch bei Moewig, Band 3266). – *Das Kreuz mit der Kirche. Eine Sexualgeschichte des Christentums,* 1974. – *Ein Jahrhundert Heilsgeschichte,* 2 Bände 1982/83. – *Kriminalgeschichte des Christentums,* 3 Bände 1986/90. – *Opus Diaboli,* 1987.

Der bedeutendste Kirchenkritiker des Jahrhunderts. (Prof. Dr. Dr. Dr. h.c. W. Stegmüller, Universität München) – *Zweifellos der hervorragendste Kritiker und Historiker des abendländischen Christentums und der römisch-katholischen Kirche, den das 20. Jahrhundert hervorgebracht hat.* (Prof. Dr. M. Petrović, Universität Niš) – *Ich bin sicher, daß allein Deschner in die Schulbücher der Zukunft kommen wird.* (Prof. Dr. H. Herrmann, Universität Münster) – *Der brillanteste, konsequenteste und substantiellste Kirchenkritiker dieses Jahrhunderts.* (Prof. Dr. H. J. Schmidt, Universität Dortmund) – *Inzwischen bin ich dabei, ein Deschnerologe zu werden. Ich kaufe alles von ihm, was ich bekommen kann.* (Prof. Dr. J. Bauer, Universität Jerusalem) – *Keinem einzigen der von Deschner reportierten historischen Fakten ist kirchlicherseits bisher widersprochen worden!* (Prof. Dr. H. von Ditfurth)

Inhalt

1. Kapitel

Vatikan und italienischer Faschismus

Obwohl Jesus selbst ein äußerst negatives Verhältnis zum Staat hatte, war Mitte des 8. Jahrhunderts unter Papst Stephan III. durch zwei blutige Kriege und eine gigantische, von der katholischen Kirchengeschichtsschreibung erst seit dem 19. Jahrhundert eingestandene Fälschung, die angebliche Konstantinische Schenkung, der Kirchenstaat entstanden. Länger als ein Jahrtausend trennte er den Norden und Süden Italiens, länger als ein Jahrtausend führten die Päpste darum Kriege und Raubzüge, galt er als angeblich unentbehrliche Grundlage ihrer Unabhängigkeit und Macht. Erst als die Italiener Rom besetzten und zu ihrer Hauptstadt ausriefen, verschwand dieser Kirchenstaat, entstand aber zugleich die »Römische Frage«. Obwohl Italien die Stellung des Papstes großzügig regelte, auch zu seiner finanziellen Entschädigung bereit war (worauf der Vatikan freilich verzichtete, da er durch die Gläubigen aus aller Welt mehr erhielt), grollten Pius IX. und seine Nachfolger Leo XIII., Pius X., Benedikt XV. ein halbes Jahrhundert hindurch dem säkularisierten liberalen Italien. Der faschistischen Diktatur dagegen schenkte die Kurie bald ihre ganze Gunst.

Zwar war Mussolini ursprünglich viel kirchenfeindlicher als Hitler; er hatte die Schrift *Es gibt keinen Gott* und den Roman *Die Mätresse des Kardinals* verfaßt, dem Christentum einen gnadenlosen Kampf angekündigt und noch 1920 Religion Unsinn, religiöse Menschen krank genannt, auf die Dogmen gespuckt und beteuert: »Mit den Beschimpfungen der Pfaffen schmücke ich mich wie mit einem duftenden Blumenkranz.« Doch schon 1921 rühmte er den Vatikan und die von ihm ausstrahlende universelle Idee des Katholizismus derart, daß Kardinal Achille Ratti von Mailand ein Jahr vor seiner Papstwahl jubelte: »Mussolini macht schnelle Fortschritte und wird mit elementarer Kraft alles niederringen, was ihm in den Weg kommt. Mussolini ist ein wundervoller Mann. Hören Sie mich? Ein wundervoller Mann!« Und als Ratti am 5. Februar 1922 im vierzehnten Wahlgang Papst Pius XI. wurde, eilte Mussolini auf den Petersplatz, pries erneut »die Universalität des Papsttums« und kurz darauf brieflich auch den Papst als »einen Mann von umfassender historischer, politischer und philosophischer Bildung, der viel im Ausland gesehen hat und der die Situation Osteuropas gründlich kennt . . . Ich halte dafür, daß mit Pius XI. sich die Beziehungen zwischen Italien und dem Vatikan bessern werden«.

Tatsächlich hatte die Zusammenarbeit der Kirche mit den Faschisten schon vor dem berühmten »Marsch auf Rom« begonnen. Man verstand sich früh, bekämpfte schließlich gemeinsam Kommunisten, Sozialisten, Liberale, regierte auf beiden Seiten autoritär und witterte in einem Bündnis große Vorteile.

Bereits am 22. Oktober 1922 forderte der Vatikan den italienischen Klerus auf, sich nicht mit dem (eindeutig faschistenfeindlichen) Partito Popolare, der katholischen Partei, zu identifizieren, sondern neutral zu bleiben, was eine offensichtliche Unterstützung Mussolinis bedeutete, der am 28. Oktober die Macht übernahm und am 20. Januar 1923 mit dem Kardinalstaatssekretär Gasparri geheime Besprechungen zu führen begann.

Der Vatikan verpflichtete sich zur Ausschaltung der katholischen Partei, da er von den Faschisten eine viel radikalere Bekämpfung der gemeinsamen Gegner erwarten konnte. Mussolini seinerseits sicherte deren Beseitigung und die Wahrung der kirchlichen »Rechte« zu.

Von nun an kollaborierte man immer enger und profitierte dabei wechselseitig. Mussolini, der zwar im Grunde seines Herzens Atheist blieb, sogar seine Reden gelegentlich mit antikatholischen und antipäpstlichen Spitzen versah, hob nun bald Presse- und Versammlungsfreiheit auf, führte den Religionsunterricht wieder ein, gab beschlagnahmte Kirchen und Klöster frei und beschützte die Prozessionen. Nicht zuletzt sanierte er die Finanzen des Heiligen Stuhles. Rettete er doch den »Banco di Roma«, dem die Kurie und mehrere ihrer Hierarchen hohe Summen anvertraut hatten, auf Kosten des italienischen Staates mit ungefähr 1,5 Milliarden Lire vor dem Bankrott. Kardinal Vannutelli, Dekan des sogenannten Heiligen Kollegiums, erklärte daraufhin, Mussolini sei »auserwählt zur Rettung der Nation und zur Wiederherstellung ihres Glückes«[1].

Der Vatikan erwies sich nicht als undankbar. Er schränkte den Einfluß des antifaschistischen Partito Popolare immer mehr ein, befahl dessen Führer, dem sizilianischen Geistlichen Sturzo, den Rücktritt und schließlich sogar das Ausscheiden aller Priester aus der katholischen Partei, was ihrer Auflösung gleichkam. Der Papst protestierte nicht einmal, als Mitglieder dieser Partei, darunter Priester, durch Faschisten überfallen und umgebracht wurden. Er protestierte erst recht nicht gegen die Ermordung einiger tausend Kommunisten und Sozialisten. Und selbst als der erbittertste Gegner Mussolinis, der junge Strafrechtslehrer und Sozialistenführer Giacomo Matteotti, der sein gesamtes großes Vermögen armen Bauern seiner Provinz gegeben hatte, von Faschisten verschleppt und bestialisch ermordet wurde, als die Entrüstung in Italien außerordentlich war und man vom König Mussolinis Absetzung forderte, sogar da stellte sich Pius XI. wiederum auf dessen Seite und verkündete am 20. Dezember 1926 aller Welt: »Mussolini wurde uns von der Vorsehung gesandt.«

In diesem Jahr nämlich, in dem der Papst endgültig die katholische Partei preisgab, wurden die Liberalen und Sozialisten, die eben noch über fünfzig Prozent aller Stimmen erhalten hatten, verboten, ihre Zeitungen unterdrückt, ihre Führer verhaftet und sämtliche Rechtsgarantien abgeschafft. Vor allem aber begannen jetzt jene Verhandlungen, die schließlich zum engsten Bündnis von Vatikan und Faschismus, zur Lösung der »Römischen Frage« führten, zu den Lateranverträgen. Denn hatte Mussolini mit Hilfe des Papstes die Diktatur erreicht, sollte nun auch der Papst auf seine Kosten kommen.

Jahrelang konferierte man geheim und meist bei Nacht: auf faschistischer Seite Staatsrat Domenico Barone, nach dessen Tod Mussolini selbst; auf vatikanischer Seite ein Bruder des späteren Papstes Pius XII., der Konsistorialadvokat Francesco Pacelli, der großen Anteil am Zustandekommen der Verträge hatte[2].

Die am 11. Februar 1929 unterzeichneten Lateranverträge steigerten einerseits das Ansehen der Faschisten außerordentlich, wie bald darauf das Konkordat mit Hitlerdeutschland das Prestige der Nazis, andererseits brachten sie der römischen Kurie gewaltige Vorteile. Zwar verzichtete sie endgültig auf die Wiederherstellung des Kirchenstaates und erkannte das Königreich Italien mit Rom als Hauptstadt an. Dafür aber erhielt der Papst uneingeschränkte Vollmacht auf dem Gebiet der Città del Vaticano sowie als Abfindung die ungeheure Summe von einer Milliarde in Staatspapieren und 750 Millionen Lire in bar – »das Kapital einer Weltbank«, wie damals Francesco Nitti, der ehemalige italienische Ministerpräsident und frühere Professor der Finanzwissenschaft in Neapel, schrieb. »Ich bin der einzige Mensch«, so führte Nitti weiter aus, »der außerhalb des Vatikans die finanzielle Lage der Kirche kennt. Ich besitze selbst Dokumente über ihre genauen Ausgaben und Einnahmen. Ich war Schatzminister während des Krieges, als die Einnahmen der verschiedenen Fonds kontrolliert wurden. Ich war Ministerpräsident, als die Kapitalsteuer eingeführt wurde. Ich habe kein Recht, Urkunden zu veröffentlichen, die nicht für die Öffentlichkeit bestimmt sind; wohl habe ich das Recht zu sagen, daß *diese Entschädigung*, die ohne Vorgang in der ganzen Geschichte ist, *absolut unerklärlich ist.*«

Da außerdem in einem Konkordat der Katholizismus Staatsreligion, die Scheidung unmöglich, der Religionsunterricht obligatorisch und alle antikirchliche Aufklärung verboten wurde, ja der Staat sich verpflichtete, seine ganze Gesetzgebung mit dem kanonischen Recht abzustimmen, war die Kapitulation des Faschismus nahezu vollkommen und die geistige Unabhängigkeit

Italiens abgeschafft. Die Kurie triumphierte. Nicht nur fanden in allen größeren Städten Italiens im Beisein prominenter Prälaten, Parteiführer und Militärs besonders feierliche Gottesdienste statt, bei denen die Bischöfe Mussolini und den Papst verherrlichten, sondern dieser selbst rühmte am 13. Februar 1929 Mussolini wieder einmal als den Mann, »den uns die Vorsehung gesandt hat«.

Kein Wunder, wenn die gesamte katholische Welt jubelte, nicht zuletzt das gläubige Deutschland, wo die katholische Presse die Verbrüderung von Vatikan und Faschismus als die »Stunde Gottes« pries, als »das größte und glücklichste Ereignis, das die Weltgeschichte seit einem Jahrhundert erlebt« hat, und Mussolini den Zerschneider des gordischen Knotens nannte, das »Feuer des guten Willens«, den »Genius der Politik« und dergleichen mehr. Auch Adolf Hitler, der damals geradezu seherisch die Zeit nahen fühlte, »da der Papst es begrüßen wird, wenn die Kirche vor den Parteien des Zentrums durch den Nationalsozialismus dereinst in Schutz genommen werden wird«, schien nicht minder glücklich als sein späterer Gefolgsmann Kardinal Faulhaber, der die Verträge als »Gottestat« feierte, oder der Oberbürgermeister von Köln, Konrad Adenauer, der Mussolini in einem Glückwunschtelegramm versicherte, sein Name werde in goldenen Buchstaben in die Geschichte der katholischen Kirche eingetragen.

Selbstverständlich konnten zwischen zwei so totalitären Institutionen wie Vatikan und Faschismus Konflikte nicht ausbleiben. Sie entzündeten sich vor allem an der Frage der Jugenderziehung. Doch dachte Pius XI., der zu Beginn der dreißiger Jahre gewisse Gegensätze beklagte, gar nicht daran, die Partei zu verurteilen. »Wir haben nicht nur von formalen und ausführlichen Verurteilungen Abstand genommen, sondern sind sogar zu der Überzeugung gelangt, daß Kompromisse möglich sind. Wir haben daher Kompromisse begünstigt, die andere als unannehmbar ansahen. Es ist nicht Unsere Absicht, die Partei und das Regime zu verurteilen . . . Wir sind bestrebt, nur jene Dinge im Programm und in der Tätigkeit der Partei zu verdammen, die im Gegensatz zur katholischen Lehre und Praxis stehen.«

Genau nach diesen Grundsätzen verfuhr die Kurie übrigens auch im Kirchenkampf mit Hitler, wie sich noch zeigen wird, wenn es dabei auch größere Unstimmigkeiten gab. In Italien arbeiteten Faschisten und Klerus bald wieder Hand in Hand. »Wir werden Uns immerfort dankbar an das erinnern«, bekannte Pius XI. 1931, »was zum Nutzen der Religion in Italien geschehen ist, selbst wenn die Wohltaten, die daraus der Partei und dem Regime erwuchsen, nicht geringer, ja vielleicht noch größer gewesen sind.« Auf der anderen Seite forderte Mussolini die Direktoren und Rektoren der Schulen nachdrücklich zur Lektüre des Neuen Testaments auf. Alle Professoren und Lehrer sollten es lesen und den Kindern nahebringen. »Es ist das größte und notwendigste aller Bücher«, heißt es in einem Erlaß. »Die nationale Regierung will auf diese Weise die Kinder und durch die Kinder die Seele des italienischen Volkes auf den Weg bringen, auf dem das Vaterland zu seiner erhabenen und wahrhaften Größe gelangen soll.« Und Millionen italienischer Kinder sprachen das von der Kirche verfaßte Gebet: »Duce, ich danke dir, daß du es mir ermöglicht hast, gesund und kräftig aufzuwachsen. O lieber Gott, behüte den Duce, damit er dem faschistischen Italien lange erhalten bleibt.« Überhaupt bestanden damals die Bücher der italienischen Grundschulen zu einem Drittel aus Katechismusstücken und Gebeten, zu zwei Dritteln aus Verherrlichungen des Faschismus und des Krieges, den man in Abessinien denn auch bald vom Zaun brach.

Seit 1933 hatte Mussolini den Überfall heimlich vorbereitet; wie Hitler, wollte auch er »Raum«. Zwar war die Raumnot keineswegs sehr groß, gab es doch in Italien noch sehr viel unbebautes Land, das aber den Großgrundbesitzern und der Kirche gehörte – mit beiden durften es die Faschisten nicht verderben. So führte man den Krieg gleichsam als eine Art »Agrarreform«.

Während fast die ganze Welt die Aggression verdammte, unterstützte die katholische Kirche, besonders der hohe italienische Klerus, Mussolini. Selbst ein katholischer Autor gestand später: »Die gesamte Welt verdammte Mussolini, ausgenommen der Papst.« Am 27. August 1935, als die Kriegsvorbereitungen in Italien auf Hochtouren liefen, belehrte Pius XI. (eingeflochten in viele Aufrufe zum Frieden) die Gläubigen und die Welt, ein *Verteidigungskrieg* zum Zwecke der *Expansion* einer wachsenden Bevölkerung könne gerecht und richtig sein. Ganz logisch erschlossen die katholischen Zeitungen aus dieser Papstrede ein »Naturrecht« Italiens auf den Krieg, »ein Anrecht«, um mit der katholischen Wiener »Reichspost« zu sprechen, »auf die Durchführung einer abessinischen Expansion«. Und die vatikanische Jesuitenzeitschrift *Civiltà Cattolica*, eine der bedeutendsten Zeitschriften der Kirche und seit über hundert Jahren gleichsam die offizielle Stimme der »Gesellschaft Jesu«, kam zu dem Schluß, daß die katholische Moraltheologie durchaus nicht jede gewaltsame Wirtschaftsausdehnung verurteile. Vielmehr dürfe ein Staat, der seine Hilfsmittel erschöpft und alle friedlichen Wege versucht habe, sich im Falle äußerster Not »durch gewaltsame Eroberung sein Recht nehmen«.

Nur wenige Tage nach der Papstrede, vier Wochen vor Kriegsausbruch, feierte der Kardinallegat beim nationalen Eucharistischen Kongreß Mussolini wieder als den »Mann der Vorsehung«, und neunzehn Erzbischöfe und 57 Bischöfe sandten ihm ein im *Osservatore Romano* veröffentlichtes Telegramm, worin es heißt: »Das katholische Italien betet für die wachsende Größe seines geliebten Vaterlandes, das durch Ihre Regierung einiger denn je ist.« Während freilich das Volk durchaus nicht die Kriegsbegeisterung der hohen faschistischen und kirchlichen Führer teilte, förderten nach der Untersuchung eines amerikanischen Gelehrten der Harvard-Universität wenigstens sieben italienische Kardinäle, 29 Erzbischöfe und 61 Bischöfe den faschistischen Überfall sofort, unter ihnen auch der Kardinalstaatssekretär. »Pacelli«, so schrieb am 3. März 1939 Graf du Moulin, Leiter des Referates für Angelegenheiten des Vatikans im deutschen Auswärtigen Amt, »ist stets für ein gutes Verhältnis zu Mussolini und zum faschistischen Italien eingetreten. Insbesondere hat er im Abessinien-Konflikt die nationale Haltung des italienischen Klerus gefördert und unterstützt«.

Ungeachtet des 1929 abgeschlossenen Konkordates, das den Bischöfen jede politische Betätigung strikt untersagte, agitierten sie nun in aller Öffentlichkeit sogar für den Krieg. Während 52 Völkerbundstaaten die am 3. Oktober 1935 begonnene Aggression als einen widerrechtlichen Angriffskrieg verdammten, kannte der Enthusiasmus des hohen Klerus kaum noch Grenzen. Von den Kanzeln herab unterstützten die Bischöfe die Parteiredner, riefen zu Spenden für den Sieg auf und opferten selber ihre goldenen Bischofskreuze, Halsketten, Ringe, Medaillen und Uhren. Ja, sie forderten von Klöstern und Wallfahrtsorden die Herausgabe ihrer kostbarsten Votivgeschenke; sie ließen durch ihre Geistlichen die Bevölkerung zur Metallspende antreiben; sie verboten Diskussionen über die Berechtigung des Krieges; sie feierten die faschistische Gewalttat als »eine gerechte und heilige Sache«, »heiligen Krieg«, als »Kreuzzug« und segneten Kanonen sowie Bombenflugzeuge, während sie gleichzeitig für die Abessinier zu beten befahlen und behaupteten, Italien erfülle »an dem halbwilden und geistig und religiös zurückgebliebenen Volke eine große zivilisatorische Mission«. Der Erzbischof von Mailand, Kardinal Schuster, einer der wildesten Faschisten, dessen Seligsprechungsprozeß man unter Pius XII. betrieb, segnete die ausrückenden Truppen vor der Mailänder Kathedrale, verglich Mussolini mit Cäsar, Augustus und Konstantin, belehrte die Schuljugend, durch das Werk des Duce habe »Gott vom Himmel geantwortet«, und erklärte: »Angesichts der schicksalhaften Verbundenheit Italiens und des Vatikans kommt den Italienern der Ehrentitel ›Mitarbeiter und Gehilfen Gottes‹ zu. Wir arbeiten mit Gott zusammen in dieser nationalen und katholischen Mission des Guten, vor allem in diesem Augenblick, in dem auf den Schlachtfeldern Äthiopiens die Fahne Italiens im Triumph das Kreuz Christi vorwärts trägt . . . Friede und göttlicher Schutz dem tapferen Heer, das um den Preis des Blutes die Tore Äthiopiens dem katholischen Glauben und der römischen Kultur öffnet!«

Der Kardinalerzbischof von Neapel, Ascalesi, wallfahrtete von Pompeji nach Neapel mit dem Bild der Gottesmutter, wobei Militärmaschinen Flugblätter warfen, die die Heilige Jungfrau, den Faschismus und den abessinischen Krieg im selben Satz verherrlichten.

Man sandte Madonnenbilder sogar nach Afrika, wie die »Madonnina d'Oltremare« – ihr schrieb man wunderwirkende Eigenschaften zu. Nach Einsegnung durch den militärischen Generalvikar Rusticoni und den Kardinal von Neapel wurde sie in Begleitung prominenter Faschisten an Bord des »Conte Grande« gebracht. Mit anderen Schiffen schickte man Kanonen und Giftgas, und die halbnackten Abessinier, die weder Gasmasken noch Schutzräume hatten, fielen ahnungslos den katholischen Kulturbringern zum Opfer. Nach der sogenannten Schlacht von Amba Aradam zählte ein italienischer Hauptmann mehr als 16000 hingemähte »Feinde«. Sie lagen dort, wo das aus der Luft verspritzte, hautverbrennende und lungenzerreißende Gas sie erreicht hatte, und wurden alle, tot oder halbtot, auf dem hygienischsten Weg durch Flammenwerfer beseitigt.

Mitten im Krieg hielt Kardinalstaatssekretär Pacelli einen Vortrag über »Roms heilige Bestimmung«, wobei er mit »Worten hoher Anerkennung« bei den Lateranverträgen verweilte und überhaupt »einen ungewöhnlich augenfälligen Beweis von dem Wunsch nach vatikanisch-italienischer Solidarität« gab.

Als Abessinien unterworfen war, Scharen von Mönchen und Nonnen den katholischen Heeren folgten, feierten die Bischöfe, Kardinäle und apostolischen Vikare von Mailand bis Addis Abeba die »religiöse Bedeutung« des Marsches auf Rom und »das neue römische Reich, das Christi Kreuz in alle Welt tragen wird unter Führung dieses wunderbaren Mannes, des Duce«. Und auch der Papst hatte teil an der »triumphierenden Freude des ganzen großen und guten Volkes über den Frieden, der«, so sagte er am 12. Mai 1936, »wie man hoffen und annehmen darf, ein wirksamer Beitrag, ein Vorspiel für den wahren Frieden Europas und der Welt sein wird«.

Dieser wahre Friede freilich ließ damals und läßt noch immer auf sich warten. Inzwischen gab und gibt es weitere berühmte blutige »Vorspiele« dafür. Das nächste Vorspiel folgte noch im selben Sommer in Spanien und wieder mit intensivster Mitwirkung der katholischen Kirche, die selbstverständlich auch in Italien, bestärkt und bestätigt gleichsam in ihrer Politik durch den glorreichen Ausgang der abessinischen Metzelei, weiter mit Mussolini kollaborierte.

Wie öffentlich das Zusammengehen der katholischen Hierarchie mit dem Faschismus gerade im Land des Papstes war, vermag auch die Schilderung der pompösen Schlußkundgebung des Eucharistischen Kongresses im Mai 1937 in Taranto (Tarent) zu bezeugen, wobei wir dem Bericht der deutschen Jesuitenzeitschrift *Stimmen der Zeit* folgen: »Der Kardinal ging mit dem Allerheiligsten an Bord eines Kriegsschiffes, das die päpstliche Flagge gehißt hatte. Die höchsten Befehlshaber waren um ihn versammelt, und auf anderen Schiffen der Kriegsflotte gaben die übrigen Behörden dem eucharistischen Gott das Ehrengeleit. Die Straßen am Meer entlang waren schwarz von mehr als hunderttausend Menschen. Ein Geschwader von Wasserflugzeugen schwebte langsam in der klaren Luft. Auf allen vor Anker liegenden Kriegsschiffen stand die Besatzung in Parade, um den Segen des vorbeifahrenden Allerheiligsten zu empfangen. An der Torpedostation stieg der Kardinal mit der Monstranz in ein prachtvolles Altarautomobil und zog, begleitet von glänzenden Abordnungen der kirchlichen und weltlichen Verwaltung, aller Truppengattungen, aller Organisationen der Faschistischen Partei und aller Ordensgenossenschaften, unter den Klängen der Musik und dem Wehen der Fahnen durch die phantastisch mit Lichtern und bunten Tuchgehängen geschmückte Stadt.«

Noch am 12. Januar 1938 empfing Mussolini 72 Bischöfe und 2340 Pfarrer im Palazzo Venezia, wo der Erzbischof Nogara in einer Rede Gott bat, dem Duce in allen Schlachten beizustehen zum Gedeihen des christlichen Italiens.

Unmittelbar nach Nogara ergriff der Pfarrer Menossi das Wort: »Exzellenz! Die Priester Italiens flehen auf Ihre Person, auf Ihr Werk als des Wiederherstellers Italiens und Gründers des Reiches, auf die faschistische Regierung den Segen des Herrn und einen ewigen Glorienschein römischer Weisheit und Tugend herab, heute und immerdar. Duce! Die Diener Christi, die Patres des Landvolkes erweisen Ihnen ergebene Ehre. Sie segnen Sie. Sie beteuern Ihnen Treue. Mit frommer Begeisterung, mit der Stimme und dem Herzen des Volkes rufen wir: Heil Duce!« Worauf alle Bischöfe und Priester in den Schrei ausbrachen: »Duce! Duce! Duce!«

Mit Treue und frommer Begeisterung stand der italienische Klerus, zumal der hohe, zu den Faschisten auch bei Eintritt Italiens in den Zweiten Weltkrieg. Der Episkopat sprach bei der Kriegserklärung am 10. Juni 1940 sogleich von einem heiligen Krieg und sandte Mussolini und dem König eine Grußbotschaft. Der Korrespondent der *New York Times* beim Vatikan, der sich damals nach dem Verhältnis der Kurie zu diesen klerikalen Kriegsdemonstrationen erkundigte, erhielt im vatikanischen Staatssekretariat die Antwort, der Heilige Stuhl sei für alle Katholiken verantwortlich: »Die italienische Geistlichkeit und die italienischen Katholiken haben aber besondere Pflichten gegenüber Italien und werden diesen wie immer in Ehren nachkommen.« Und die vatikanische Jesuitenzeitschrift *Civiltà Cattolica* rief alle Italiener auf, »mit ihrem Blute die treue Pflichterfüllung zu besiegeln«.

Dabei war in den letzten Jahren schon genug Blut unter engster Mitwirkung der katholischen Kirche geflossen, nicht nur in Abessinien, sondern mehr noch im Spanischen Bürgerkrieg, dessen Hintergründe und Verlauf wir nun kurz verfolgen wollen.

2. Kapitel

Vatikan und Spanischer Bürgerkrieg

Die Ursache des Spanischen Bürgerkrieges war weder ein politischer noch religiöser Konflikt, sondern ein sozialer: der schreiende Gegensatz zwischen einer kleinen Oberschicht und dem oft bis aufs Blut ausgebeuteten Volk. An dieser Ausbeutung aber war die spanische Kirche maßgeblich beteiligt. Nicht zuletzt durch jahrhundertelange Sklaverei, Judenverfolgung und Inquisition hatte sie einen ungeheuren Reichtum erworben. Und verlor sie auch später den größten Teil ihres Besitzes, so verstand sie es doch, nach dem Bürgerkrieg der siebziger Jahre des letzten Jahrhunderts neues Kapital zu horten. Während zwei Drittel der Spanier noch im 20. Jahrhundert an Unterernährung litten, hatte die Kirche ihr Vermögen in Banken, Straßenbahnen, Eisenbahnen, Schiffahrtsgesellschaften, Reedereien, Wasserkraftwerken, Bergwerken, Textilfabriken und anderen Unternehmen investiert. Allein die Jesuiten kontrollierten um 1912 ein Drittel des gesamten spanischen Kapitals.

Die enge Verfilzung des hohen Klerus mit Adel und Großindustrie und die völlige Gleichgültigkeit gegenüber dem Elend des Volkes äußerten sich nicht nur in dem geflügelten Wort: »El dinero es muy católico« (Das Geld ist sehr katholisch). Alle Versuche, Arbeitervereine auf christlicher Grundlage zu schaffen, wurden unmöglich gemacht und sich dafür engagierende Priester verbannt, und zwar, wie selbst der Jesuit Johannes Reisberger 1936 schrieb, »*weil die zuständigen Bischöfe es so wollten*«. Auch ein höherer spanischer Geistlicher, Don Gallegos Rocaful, Kanonikus der Kathedrale von

Cordoba, gab nach Beginn des Bürgerkrieges in einer schweizerischen Zeitschrift zu: »Die Gründung eines Arbeitervereins war schon Ursache genug für strengste Polizeimaßnahmen, Verhaftungen und *jahrelange* Freiheitsberaubung. Die Kirche schwieg. Jede sozialpolitische Tätigkeit war den Klerikern *streng* verboten . . . den Arbeiter und Landpächter in seinem Elend im Stich lassend und um sein Los unbekümmert, wurden wir, statt des Volkes geistliche Führer, zu einem sozialen Ärgernis.«

Damals fand dieses soziale Ärgernis freilich eine weltweite Diskussion. Auch auf katholischer Seite konzedierten nicht wenige Blätter, daß der Katholizismus »schwerste Mitverantwortung« habe, »die katholische Kirche in Spanien sich schwere Verschuldungen zukommen ließ«. Selbst hohe ausländische Kirchenfürsten, wie der französische Kardinal Verdier, klagten offen die spanische Hierarchie an, die aber in Papst Pius XI. einen ebenso eifrigen wie ungeschickten Verteidiger fand. Wehrte er sich doch am 14. September 1936 vor spanischen Flüchtlingen gegen den Vorwurf, »daß die Religion und die katholische Kirche sich zu schwach und unwirksam gezeigt hätten«, mit dem Zitat »aus Manzonis Werk: ›Um die Kirche zu rechtfertigen, braucht man niemals zu Beispielen seine Zuflucht zu nehmen. Es genügt, ihre Grundsätze zu erforschen.‹«

Gewiß, Beispiele aus ihrer Praxis sind der Kirche meist fatal. In Spanien etwa störte es die mit Granden und Großkapital eng verflochtenen Bischöfe nicht im geringsten, daß vier Prozent der Grundbesitzer über zwei Drittel des bebauten Bodens verfügten, 96 Prozent über ein Drittel; daß von 1 026 412 steuerpflichtigen Landwirten 847 548 einen Tagesverdienst von weniger als einer Peseta hatten, was damals dreißig Pfennigen entsprach; ja, daß in einigen Gebieten des Landes die Zustände 1936 dieselben waren wie zur Römerzeit. Die meisten Großagrarier sahen ihre Güter kaum. Sie lebten in teuren Seebädern oder in Paris. Ihre Arbeiter indes schufteten fast wie Leibeigene von Sonnenaufgang bis Sonnenuntergang – die Sklaverei hatte im katholischen Spanien ohnedies bis ins 18. Jahrhundert gedauert –, sie wohnten in Strohhütten, Höhlen, Gruben und lebten von Brot, Zwiebeln, Baumrinde, Gras. Den Fabrikarbeitern, denen keinerlei soziale Gesetzgebung zur Seite stand, ging es kaum besser. Ganze Landstriche verfielen dem Hunger.

Als Verbündete der Besitzenden aber hatte die spanische Kirche, die vor dem Ersten Weltkrieg noch Tausende in den Gefängnissen nach mittelalterlichen Methoden foltern und Hunderte erschießen ließ, laufend an Einfluß auf das Volk verloren. Bereits um 1910 waren über zwei Drittel der Spanier keine praktizierenden Katholiken mehr, um 1930 die meisten Arbeiter sogar ungetauft, schon weil ihre Eltern nie die Taufgebühr aufgebracht hätten. Von 80 000 Menschen eines Madrider Bezirks besuchten jetzt nur noch 3,5 Prozent den Gottesdienst, in manchen Dörfern Andalusiens kam nur noch ein Prozent der Männer zur Messe, und in einigen Orten las sie der Pfarrer allein. Spanien war nicht mehr katholisch; katholisch war das Geld. Man schloß sich immer häufiger den liberalen oder sozialistischen Parteien an, und schließlich brach die 1923 errichtete Militärdiktatur General Primo de Riveras zusammen. Mit Zustimmung der überwältigenden Mehrheit beseitigte man durch die Gemeindewahlen vom 12. April 1931, »zweifellos die freiesten und ordentlichsten in der spanischen Geschichte«, die Monarchie und erklärte die Republik.

Obwohl nun die neue Regierung einerseits von der Rechten (den Granden, dem hohen Klerus, dem Offizierskorps und Großbürgertum), andererseits von der extremen Linken laufend sabotiert wurde und das Land infolge der früheren Verhältnisse sowie der allgemeinen Wirtschaftskrise überdies am Rand des Bankrotts stand, führte man in zwei Jahren Reformen durch, die anderswo Jahrzehnte erfordert hätten. Man erklärte alle Bürger für gleich, gestattete Rede- und Pressefreiheit, baute fast 10 000 neue Schulen; man schuf ein hochmodernes Scheidungsgesetz, ein neues Strafgesetz, Gesetze über die Zivilehe, über Zwangsarbeit, Schlichtungsausschüsse, Mindestlöhne, Frauenrecht und andere. Man garantierte Glaubens- und Gewissensfreiheit und erlaubte, die katholische Lehre überall frei zu verkünden.

Aber da man auch die Trennung von Kirche und Staat vorsah, dem Klerus Unterricht und Fürsorge, worin er seit Jahrhunderten versagt hatte, entzog, den Jesuitenorden auflöste, den Mönchen und Nonnen den Handel verbot, versuchte der Episkopat sofort, seine ursprüngliche Position wiederzugewinnen. Dabei stützte er sich auf die Anhänger des alten Regimes, die Großgrundbesitzer und den Adel sowie auf die rückständigste Schicht, Teile der bäuerlichen Bevölkerung, von der, dank der katholischen Erziehungsarbeit, noch im dritten Jahrzehnt des 20. Jahrhunderts achtzig Prozent Analphabeten waren. (Wie ja auch im Kirchenstaat der Prozentsatz des Analphabetentums stets einer der höchsten in Europa gewesen ist, und sogar heute noch im katholischen Italien Millionen Menschen nicht schreiben und lesen können.)

Die Beseitigung der Monarchie, die Einführung des bürgerlichen Regimes hatten kaum einen Tropfen Blut gekostet, weshalb die Spanier sich rühmen konnten, kein Volk der Erde habe je einen derart elementaren Systemwechsel so ritterlich und human vollzogen. Auch unmittelbar nach dem Wahlsieg gab es keine Gewaltmaßnahmen der antiklerikalen Kräfte. Als die Feindseligkeiten aber begannen, gingen sie von der Kirche aus. »Den ersten Schuß in dem Kampf, der bis zum Bürgerkrieg währen sollte«, schreibt Hugh Thomas, dessen Buch über den Spanischen Bürgerkrieg zu den objektivsten Darstellungen gehört, »gab Kardinal Segura, Erzbischof von Toledo und Primas der Kirche von Spanien, mit seinem scharfen Hirtenbrief Anfang Mai ab.« Kurz nach Veröffentlichung dieses »eindeutig republikfeindlichen Hirtenbriefes« und der fast gleichzeitigen Bekanntgabe eines Interviews mit dem nach Paris geflohenen König, kam es in Madrid zu Unruhen, die bald auf das ganze Land übergriffen. Dabei richtete sich die Wut der Demonstranten bezeichnenderweise gegen die mit Monarchie und Adel so eng liierte katholische Kirche, die in Spanien, als der Thron beseitigt war, in gewisser Hinsicht an dessen Stelle trat. Am hellen Vormittag brannte man eine Jesuitenkirche im Stadtzentrum von Madrid nieder und schrieb mit Kreide auf die Mauern der Ruine: »Volksgericht über Diebe«. Allein in sechs Großstädten wurden mehr als hundert Kirchen und Klöster völlig zerstört. »Man hat diese Leute«, meinte später der Berner *Bund*, »so lange als Hunde behandelt, bis sie das Beißen lernten.«

Bereits 1933 verlangten die spanischen Bischöfe in einem Hirtenbrief und der Papst in einer Enzyklika vom 3. Juni einen »heiligen Kreuzzug für die vollständige Wiederherstellung der kirchlichen Rechte«. Während der Episkopat mündlich und schriftlich zur Revolte gegen die Regierung aufrief, gründete man noch im gleichen Jahr, wie wenig bekannt ist, auf Betreiben Eugenio Pacellis, die Confederación Española de Derechas Autónomas (CEDA), der José Maria Gil Robles vorstand, ein militanter, von Salesianern erzogener Bewunderer Hitlers. Führer der (noch vor dem Aufstand zur »Falange Espanõla«, der faschistischen Partei Spaniens, übertretenden) katholischen Jugendorganisation der CEDA wurde Ramón Serrano Suner, Schwager Francos, Freund Mussolinis und Hitlers, später spanischer Innen- und Außenminister, Ende Juni 1942 von Papst Pacelli mit dem Großkreuz des Ordens Pius' IX. ausgezeichnet. Zwei Monate zuvor hatte Suner bekannt, daß 15000 Spanier an der Ostfront stünden und ihre Zahl, falls es Deutschland wünsche, auf eine Million erhöht werde.

Als Ende 1933 die alle Maßnahmen der Regierung bekämpfenden Rechtsparteien die Mehrheit im Parlament erlangten, wurden in den »beiden schwarzen Jahren« unter dem kirchen- und faschistenfreundlichen

Kabinett Lerroux die Errungenschaften der jungen Republik wieder liquidiert. Ungezählte Männer und Frauen verloren Arbeit und Brot, viele wanderten ohne jeden Prozeß, nur aus politischen Gründen, ins Gefängnis, wo man sie häufig noch folterte: allein im Oktober und November 1934 waren davon 30 000 Menschen betroffen. Es kam zu einer Kette von Streiks, zu Massendemonstrationen, lokalen Erhebungen, und schließlich schlossen sich unter dem wachsenden Druck der kirchlichen und faschistischen Kräfte am 16. Januar 1936 Arbeiter, Bauern, Klein- und Mittelbürgertum sowie die sozial empfindende Intelligenz in der »Volksfront« zusammen, wogegen die Falange, die Monarchisten und Carlisten, die Agrarier und die CEDA sich in der »Nationalen Front« verbanden. Die Wahlen am 16. Februar verliefen, laut Londoner *Times*, »mustergültig«. Und obwohl die Kirche Himmel und Hölle in Bewegung gesetzt, Bannflüche gegen die »Roten« geschleudert und sogar in strengster Klausur lebende Nonnen, die nicht einmal beim Tod ihrer Eltern das Kloster verlassen durften, in die Wahllokale kommandiert hatte, errang die Volksfront 268 Sitze, gegenüber 140 Sitzen der Rechten und etwa siebzig Sitzen der Mitte.

Während die reaktionären Gruppen aus allen Wolken fielen, jubelten die linken und durchzogen tagelang begeistert die Straßen Madrids, wobei wiederum, wie bei der Ausrufung der Republik, kein Schuß gefallen, keine Kirche geplündert oder gar zerstört worden ist. Erst als die Opposition sich erhob, kam es zu Provokationen, Anschlägen, zu Hunderten von Teil- und Generalstreiks, Hunderten von Attentaten und Morden auf beiden Seiten; kam es zu neuen Lohnsenkungen, Mieterhöhungen, Zwangsräumungen und Niederbrennungen von Kirchen an vielen Orten. Der eigentliche Anlaß zum Aufstand der klerofaschistischen Kreise gegen die Regierung aber war der Wahlsieg der Volksfront am 16. Februar.

Der Putsch begann am 17. Juli 1936 mit dem Segen der Bischöfe, wobei, so der deutsche Katholik Friedrich Prinz von Loewenstein nach seinem Spanienbesuch im Herbst 1937, »zahlreiche Kirchen als Operationsbasis gegen Volk und Staat benützt worden sind« – wie sich die Faschisten auch während des Krieges mancher Kirchen als Festungen bedienten. Das Volk, das nach den Wahlen im Februar keine Kirche angetastet hatte, zerstörte sie nun zu Tausenden. Allein zu Beginn des Putsches gingen in Madrid in einer einzigen Nacht fünfzig Kirchen in Flammen auf. Und nach dem ersten Bürgerkriegsjahr bezifferte ein Rundschreiben der spanischen Bischöfe die zerstörten Kirchen und Kapellen auf über 20 000, was selbstverständlich nicht bloß zu Lasten der Republikaner geht; diese Zahl war nur möglich, »weil«, so gestand ein nach Frankreich geflohener Geistlicher, »wir vorher die Kirche zerstört hatten«.

Die »Nationalen« hatten mit einem raschen Sieg gerechnet, wurden aber enttäuscht. Denn obwohl der größte Teil des Heeres und der Zivilgarde zu ihnen überging, obwohl sie über bessere Strategie und ausgebildete Truppen verfügten, schlug die Regierung mit Hilfe des fanatisch kämpfenden Volkes einen Aufstand nach dem anderen nieder. Sogar die Gegner gaben den größeren Kampfgeist der Volksfront zu. »Schreib's in dein Tagebuch«, sagte Mussolini zu Ciano, »ich prophezeie Francos Niederlage . . . Die Roten sind Kämpfer, Franco ist es nicht.« Und auch die Deutsche Botschaft meldete Ende Juli aus Madrid den fanatischen Kampfgeist der »roten Milizen« und die »viel geringere Stoßkraft« der Franco-Truppen und rechnete, »falls nicht Unerwartetes geschieht«, gleichfalls mit deren Niederlage. Doch als die Situation der Rebellenarmee schon ziemlich verzweifelt war, erhielt sie Unterstützung von Deutschland und Italien. »Ohne die Hilfe der beiden Länder«, sagte Hitler am 28. September 1940 mit Recht, »gäbe es heute keinen Franco.« Mussolini, der gottgesandte Partner des Papstes, hatte schon am 31. März 1934 dem monarchistischen Fraktionsführer des spanischen Parlaments, Antonio Goicoechea, 200 Maschinengewehre, 20000 Handgranaten und weiteres Material nach Putschbeginn versprochen, ihm auch am folgenden Tag noch 1,5 Millionen Peseten zugesteckt. Im Laufe des Bürgerkrieges schickte er dann nicht weniger als 110000 Soldaten nach Spanien, die zunächst vor allem Mallorca zu einem Militär- und Flottenstützpunkt ausbauten, wobei es zu furchtbaren Niedermetzelungen spanischer Arbeiter kam.

Schon vor dem Putsch hatten einflußreiche Kreise auch in Deutschland der spanischen Opposition Verstärkung zugesagt. Und seit Ende Juli beförderten deutsche Transportflugzeuge Francos »Erlöserarmee« – seine mohammedanischen Mauren, die ihre Opfer kastrierten, und seine Legionäre – Losung: »Es lebe der Tod! Nieder mit der Intelligenz!« – zur Rettung des katholischen Abendlandes von Marokko übers Meer. Ihre ersten Heldentaten vollbrachten sie in Sevilla, dessen Arbeiterviertel sie durch Artilleriebeschuß dem Erdboden gleichmachten, nachdem sie alle – so gut wie waffenlosen – Männer auf den Straßen zusammengetrieben und mit dem Messer abgestochen hatten. Mehr als 20 000 Mann gelangten in wenigen Wochen über diese erste »Luftbrücke« nach Spanien, so daß Hitler 1942 meinte: »Franco sollte der Ju 52 ein Denkmal setzen. Diesem Flugzeug verdankt die spanische Revolution ihren Sieg.«

Außer Transportflugzeugen schickten die Nazis bald Jagd-, Kampf- und Aufklärungsmaschinen, Panzer, Flak, Granatwerfer, Maschinengewehre, Gewehre und Bomben. Auch Mussolini unterstützte die spanischen Verschwörer mit Kriegsmaterial, und nur diese ständigen Lieferungen verhinderten beispielsweise den Zusammenbruch der Aufständischen Anfang 1937 nach drei vergeblichen Versuchen, Madrid zu erobern, und erlaubten es der Rebellenluftwaffe, während der Schlacht am Ebro fünf Wochen lang täglich durchschnittlich 10 000 Bomben zu werfen.

Gleichzeitig mit den Faschisten förderte auch das hochklerikale Portugal, Hauptnachschubweg Hitlers und Waffenankaufszentrale Francos, die Rebellen und ließ 20 000 Portugiesen für sie kämpfen. Ebenso sandte das katholische Irland eine Brigade für den »christlichen Kreuzzug«. Als sie jedoch neben Francos Mohammedanern fechten sollten, die man, um den Schein zu wahren, in Mönchskutten gesteckt hatte, waren die Iren nicht mehr für den heiligen Krieg zu gebrauchen und wurden kaum noch eingesetzt.

Die Hilfe der Sowjetunion für die spanische Regierung begann erst nach der Intervention der faschistischen Staaten und wäre ohne den ständigen Nachschub aus Deutschland und Italien, der dann zusammen mit dem aus Rußland den Krieg immer mehr verlängerte, wohl kaum erfolgt. Das spanische Volk wäre verhältnismäßig rasch mit den Aufständischen fertig geworden. »Wir verlangen nicht, daß uns geholfen wird«, sagte der republikanische Regierungschef, »wir verlangen, daß wir nicht dafür bestraft werden, daß ein Aufstand gegen uns angezettelt worden ist.«

Der ganzen Welt aber täuschte die klerofaschistische Seite diesen Aufstand als Religionskrieg gegen den gottlosen Kommunismus vor – eine groteske, von der Vatikanpresse ebenso wie von Hitlers Propagandaminister Goebbels kolportierte Geschichtsfälschung, die sich auf den Entschluß fast aller europäischen Länder und der USA auswirkte, die spanische Regierung nicht zu unterstützen. Die katholische Presse, die in Spanien »nur mehr zwei große Gruppen« sah, »die Bolschewisten, die ›weder Gott noch Herren‹ wollen, und die Rechtsparteien, die unter dem Schlachtruf ›Gott, Vaterland, Autorität‹ kämpften«, sprach, genau wie die italienischen Faschisten oder die deutschen Nazis, nur noch von dem »bolschewistischen Regime«, dem »rotspanischen Mordregime«, von »Sowjetspanien«, den »roten Machthabern« in Madrid, der »roten Geißel«. Und der spanische Kardinalprimas Goma y Tomás, der damals auch den mit Hilfe von Madonnenbildern und Giftgasen ausgeführten Raubüberfall auf Abessinien als »Werk der Zivilisation« pries, belehrte nun die Weltöffentlichkeit: »Christus und der Antichrist bekämpfen sich auf unserem Boden.«

Tatsächlich besaß der Kommunismus in Spanien kaum Bedeutung, am allerwenigsten vor dem Bürgerkrieg. Die Volksfront vertrat ganz und gar kein marxistisches Programm. Im Parlament gab es unter 473 Abgeordneten nur fünfzehn Kommunisten, die überdies in zwei heftig rivalisierende Fraktionen, Stalinisten und Trotzkisten, gespalten waren. Das republikanische Kabinett hatte einen einzigen kommunistischen Minister und die Kommunistische Partei Spaniens 10000 Mitglieder.

Dagegen saßen gute Katholiken in der Regierung, wie der Justizminister Manuel Irujo. Denn die spanische Republik war ebensowenig kommunistisch wie antichristlich. Der beste Beweis dafür ist die völlige Religionsfreiheit der (von der Monarchie stets unterdrückten) evangelischen Kirche im republikanischen Teil, während Franco die Protestanten bald wieder blutig verfolgen ließ. Aber auch die Ausübung der katholischen Religion war in der Republik erlaubt, solange es nicht zu politischen Predigten kam. Allein in Barcelona wurden 1937 täglich 2000 Messen gelesen, zwar in Privathäusern, doch mit ausdrücklichem Wissen der Regierung. Und hundert katholische Geistliche begleiteten die gegen Franco kämpfende baskische Armee, um die Messe zu zelebrieren, Sakramente zu spenden und die »Seelen der Rekruten nach der christlichen Tradition zu bilden«.

Diese katholischen Geistlichen der Basken mußten freilich ihr Eintreten für die rechtmäßige spanische

Regierung und das spanische Volk teuer bezahlen, gerieten sie in die Hände ihrer katholischen Gegner. Sie sollen prinzipiell getötet worden sein, insgesamt 400. Lückenlos bewiesen ist, daß Franco vierzehn katholische Kleriker, die zu ihren Gemeinden hielten, nach einem Schnellverfahren erschießen ließ, ohne ihnen die Möglichkeit einer Verteidigung zu geben. Und viele Hunderte von Priestern, die gleichfalls die Sache des Volkes vertraten, hat der Rebellenchef verfolgt.

Was diese Geistlichen bewegte, was sie bestimmte, der Republik die Treue zu halten, mag der folgende Briefauszug des schon genannten Kanonikus der Kathedrale von Cordoba, Don Gallegos Rocaful, an die katholischen *Schweizerischen Republikanischen Blätter* zeigen: »Es gibt auch Priester, die, ohne aufgehört zu haben, dies vor Gott und der Kirche zu sein, dennoch, *aus dem Zwange ihres Gewissens, auf seiten des Volkes, nicht auf Seite der Militärrevolution stehen*. Halten Sie mich mit dieser Feststellung als Ihnen vorgestellt. Und vernehmen Sie zugleich, was mich, ich weiß es, entgegen vielen meiner Amtsbrüder und Standesgenossen, zu meiner Einstellung bestimmte. Ich habe nie politisiert. Ich war immer nur Seelsorger. Wie meinen Beruf, so liebe ich den, in welchem jener begründet ist, Jesus Christus, den Heiland der Welt, zu der auch mein armes Spanien gehört. Als die Gewalttätigkeiten ausgebrochen sind, da gab es für mich nur *eine* Frage, um meine weitere Einstellung zu bestimmen: *Wer hat zuerst* die Waffen ergriffen, wer hat den gesetzlichen Zustand, wenn auch einen für uns nicht idealen, gewaltsam angegriffen, wer hat das erste Blut vergossen und damit diesen furchtbaren Brand entzündet? Es war *nicht die Regierung*, die, wenn auch nicht so zusammengesetzt, wie wir Katholiken es gern gehabt hätten, doch uns keinerlei Schwierigkeiten in den Weg legte, es waren die Militärrevolutionäre . . . Die Regierung plante die *Aufteilung des Großgrundbesitzes*, eine bescheidene Fabrikgesetzgebung mit Inspektoraten, etwas, was Sie in der Schweiz schon lange besitzen, ohne im Rufe des Kommunismus zu stehen. *Das* war die Veranlassung zur Revolution. Man hat den Willen, den Armen und Bedrängten zu helfen und ein selbständiges Bauerntum in Spanien zu gründen, *immer in Blut erstickt*. Mir aber scheint das der Wille Christi zu sein, der immer mehr auf der Seite der Armen als der Reichen gestanden ist. Ich bin Priester. So stehe ich auf seiten der Armen. Und Sie müssen wissen, der ganze Spanische Bürgerkrieg ist nur ein Krieg zwischen Arm und Reich, zwischen Volk und Feudalherren. Es steckt kein politischer Sinn dahinter, nur ein sozialer Konflikt.[1]«

Während also weder ein kommunistischer noch ein antireligiöser, ja nicht einmal ein grundsätzlich antikatholischer Staat in Spanien bestand, während der anglikanische Dekan der Kathedrale von Canterbury nach einer Informationsreise öffentlich erklärte, die republikanische Front für Freiheit, Gerechtigkeit und soziale Ordnung sei den Absichten Christi näher als das frühere Kirchensystem, diffamierte der katholische Klerus in aller Welt, im schönsten Verein mit den deutschen und italienischen Faschisten, die spanische Republik als kommunistisch und propagierte das dreijährige Blutbad als »Cruzada« gegen die »Gottlosen«.

Wie der falangistische General Yagüe am ersten Tag des Putsches in Marokko von einem Kreuzzug sprach, wie Franco die Parole ausgab, der Krieg gegen die Republik, der er soeben seinen Treueid gebrochen, sei ein heiliger Krieg, ein Kreuzzug des Glaubens und er selber ein Kämpfer Christi, so schrieben nun die spanischen Bischöfe, die ja schon 1933 einen »Kreuzzug« für die vollständige Wiederherstellung ihrer »Rechte« gefordert hatten: »Dieser Krieg ist kein Bürgerkrieg, sondern ein Kreuzzug gegen die rote Weltrevolution, ein Kreuzzug . . . insofern er alles das verteidigt, was für die Religion wesentlich ist. Es ist jämmerlich, daß man der zivilisierten Welt noch erklären muß, daß dies kein militärisches Pronunciamiento ist, kein Bürgerkrieg, kein Klassenkampf. Weise Kirchenfürsten haben diese Aufklärungsarbeit jetzt unternommen . . . Es wird klar und sicher feststehen, daß es sich von unserer Seite . . . um einen reinen Verteidigungskrieg handelt, oder, wie der Erzbischof von Santiago de Compostela in seinem langen Hirtenbrief auch enthüllte, um die Verteidigung gegen eine Bande von Räubern.« Tatsächlich hat Bischof Enrique Pla y Daniel von Salamanca diesen »reinen Verteidigungskrieg« alsbald sittlich gerechtfertigt – »mit umfassender Gelehrsamkeit«, wie das Organ der deutschen Jesuiten versicherte.

Auch der deutsche Episkopat veröffentlichte schon am 30. August 1936 auf direkte Weisung des Kardinalstaatssekretärs Pacelli einen Hirtenbrief, worin es im Hinblick auf Spanien heißt: »Welche Aufgabe damit unserem Volk und Vaterland zufällt, ergibt sich von selbst. Möge es unserem Führer mit Gottes Hilfe gelingen, dieses ungeheuer schwere Werk der Abwehr in unerschütterlicher Festigkeit und treuester Mitwirkung aller Volksgenossen zu vollbringen.« Und bereits am 3. Januar 1937 bearbeiteten die deutschen Bischöfe, wiederum mit Hinweis auf Spanien, ihre Gläubigen erneut: »Geliebte Diözesanen! Der Führer und Reichskanzler Adolf Hitler hat den Anmarsch des Bolschewismus von weitem gesichtet und sein Sinnen und Sorgen darauf gerichtet, diese ungeheure Gefahr von unserem deutschen Volk und dem Abendland abzuwehren. Die deutschen Bischöfe halten es für ihre Pflicht, das Oberhaupt des Deutschen Reiches in diesem Abwehrkampf mit allen Mitteln zu unterstützen, die ihnen aus dem Heiligtum zur Verfügung stehen.«

In ähnlicher Weise machte die katholische Hierarchie auf der ganzen Welt, und sogar mit offensichtlichem Erfolg in protestantischen Ländern wie Großbritannien und den USA, die stärkste Propaganda für die spanischen Faschisten.

Dabei versäumte man nicht, nachdrücklich mit den kirchlichen »Märtyrern« zu renommieren. Der päpstliche *Osservatore Romano* prahlte gar mit 16 750 getöteten katholischen Priestern in Spanien, eine Zahl, die selbst dem spanischen Kardinalprimas peinlich war, gab es doch, wie er einräumte, bei Ausbruch des Putsches in allen von den Republikanern beherrschten Gebieten insgesamt nur 15 000 Priester. Immerhin fanden fast 8000 davon den Tod, eine ungeheure Zahl. Überdies kam es mitunter zu außergewöhnlichen Grausamkeiten, zu Folterungen oder Verbrennungen von Klerikern bei lebendigem Leib – eine Praxis, die freilich die spanische

Inquisition jahrhundertelang geübt hatte. Doch geschahen fast alle ungesetzlichen Tötungen auf republikanischer Seite zu Beginn des Bürgerkrieges, als die Position der Regierung noch schwach war und der lang aufgestaute Haß der Massen sich spontan entlud. Überhaupt wurde kein katholischer Geistlicher seines Glaubens wegen verfolgt, keiner aus religiösen Gründen getötet. »Nicht einer von ihnen«, betonte José Bergamin, einer der bekanntesten Vertreter der damaligen katholischen Literatur Spaniens, »auch nicht ein einziger, hat den Tod für Christus erlitten. *Sie starben für Franco.* Nationalistische Helden kann man aus ihnen machen, politische Opfer, aber keine Märtyrer.« Doch wie sicher es auch ist, daß kein Priester vor dem faschistischen Putsch getötet wurde, daß man sie erst umbrachte, als sie auf Weisung ihrer Oberen für die Militärs und gegen die Regierung kämpften – die katholische Welt feierte sie als Märtyrer, ja, der Vatikan war geradezu glücklich über das buchstäblich blutige Interesse, das plötzlich die Kirche in Spanien wieder fand. Denn Blutzeugen (damals gerade in Spanien so nötig) beleben bekanntlich immer den Glauben, obwohl oder vielleicht weil, laut Nietzsche, Blut der schlechteste Zeuge der Wahrheit ist. »Wir müssen«, bekannte Pius XI., »einerseits weinen aus innigstem bitterem Mitempfinden. Wir müssen andererseits aufjauchzen um des Stolzes und der süßen Freude willen, die Uns erhebt . . . Dies ist ein gewaltiges Schauspiel christlicher und priesterlicher Tugend, von Heldentaten und Martyrien . . . Wie kommt eure Sühne im Sinne der Vorsehung gerade zurecht. Erhaben«, behauptete er abschließend, ebenso unwahr wie unlogisch, »über alle politischen Erwägungen, wendet sich Unser Segen in besonderer Weise jenen zu, die die schwere und gefahrvolle Aufgabe übernommen haben, die Rechte und die Ehre Gottes und der Religion zu verteidigen und wiederherzustellen.«

Das waren ohne Zweifel die Herren Hitler und Mussolini, Heide und Atheist, sowie jener Katholik, von dem der französische Schriftsteller Jean Cassou schreibt: »So verbrecherisch wie Hitler, so heuchlerisch wie Salazar und so einfältig wie Pétin«; während der englische Autor Charles Duff urteilt: »Im Vergleich zu dem spanischen ›Caudillo‹ entpuppen sich der ›Führer‹ Hitler und der ›Duce‹ Mussolini fast als Ehrenmänner.«

Tatsächlich hatte sich Franco schon mit den frömmsten Absichten erhoben. Denn als er kurz nach seinem Staatsstreich zu einem Korrespondenten des *News Chronicle* sagte, er würde Spanien »um jeden Preis vom Marxismus befreien«, und der Korrespondent erwiderte: »Das bedeutet, daß Sie halb Spanien erschießen lassen müssen«, betonte der Bundesgenosse des Papstes: »Ich wiederhole – um jeden Preis!« So ließ er prinzipiell alle Zivilgouverneure, alle regierungstreuen Generale und Regimentskommandeure, ferner die Volksfront- und linksorientierten Gewerkschaftsfunktionäre, die führenden Freimaurer töten und gab Befehl, ihm Begnadigungsgesuche grundsätzlich erst nach vollzogener Hinrichtung vorzulegen. Zunächst liquidierte man ohne jedes Gerichtsverfahren, später vor Standgerichten, zuletzt vor Kriegsgerichten. In der Etappe erschoß man alle eventuellen Gegner des Regimes, Gefangene stets aufs Geratewohl. Man mordete sogar in Kirchen und auf den Stufen der Altäre, man machte republikanische Soldaten unter den Augen ihrer Frauen und Kinder nieder, und während man vorgab, für das Christentum zu kämpfen, steckte man nicht nur evangelische Gotteshäuser in Brand, sondern massakrierte auch die spanischen Protestanten, wie man ja auch die oppositionellen katholischen Geistlichen beseitigt hat.

Den Papst störte dies alles nicht. Nie erhob er seine Stimme gegen die Verbrechen der Rebellen, die »Caballeros«, die »Kämpfer Christi«, die »Werkzeuge der göttlichen Allmacht«, wie sie sich selber nannten. Hatte er doch gerade auf Franco gesetzt, so wie in Italien auf Mussolini, in Deutschland auf Hitler, und die intensive Zusammenarbeit von Vatikan und Faschisten stünde selbst dann felsenfest, wenn wir keinerlei Äußerungen des Papstes dazu kennen. Denn was der Papst wünscht, zeigen die Reaktionen des völlig von ihm abhängigen Episkopats. Er hätte ohne Einverständnis der Kurie weder Mussolini noch Franco, weder Hitler noch Pavelić unterstützt.

Wie eng die Kollaboration der Bischöfe mit Mussolini war, hat sich bereits gezeigt. Noch enger womöglich war die mit Franco, zumal dieser, ebenso tapfer wie grausam und ein »aalglatter Opportunist«, seinen Katholizismus bei jeder Gelegenheit, besonders vor der Kamera, demonstrierte, den ganzen Aufstand von Anfang an als heiligen Krieg und Kreuzzug ausgab und von sich selber sagte: »Ich bin das Werkzeug der Vorsehung«; ein Glaube, in dem ihn seine Frau, eine glühende Katholikin, noch bestärkt hat. Nach dem Zeugnis des gläubigen katholischen Justizministers Manuel Irujo beharrten denn auch von 51 spanischen Bischöfen 48 auf ihrer »profaschistischen Haltung«. Und alles geschah auf ihrer Seite, selbst die Morde auf den Stufen des Hochaltars von Badajoz, wie die katholische *Österreichische Arbeiterzeitung* schrieb, »im Namen Jesu Christi und im Namen der heiligen Gottesmutter«. »An allen Fronten«, jubelte der spanische Kardinalprimas, hätten die nationalen Truppen das Meßopfer gefeiert, Tausende von jungen Soldaten Beichte und Kommunion empfangen und zu Zeiten der Waffenruhe gemeinsam im Lager den Rosenkranz gebetet. Sie hätten fromme Abzeichen an Uniformen geheftet. Ihre Begeisterung erinnert in fatalster Weise an das Gejauchze der Jesuiten (und der protestantischen Geistlichen) während des Ersten Weltkriegs.

Wie sehr sich die Nationalspanier als »Werkzeug Gottes« fühlten, zeigt eindeutig auch ihr Reglement, worin es hieß: »Denke daran, daß du berufen bist, *Christus* die Nation seiner Auserkorenen wiederzuerobern, die ihm von anderen entrissen wurde. Wenn du dich ganz in den Dienst dieser hehren Aufgabe stellst und dein Leben dafür opferst, so lobpreise die göttliche Barmherzigkeit, die das Gewissen mit dem erhabenen Licht des *Märtyrerscheines* überstrahlt. Dein Heldenmut, deine Bereitschaft zur Märtyrerschaft führt zu dem Ideal: Für *Gott und Vaterland*!« Genau dafür kämpften ja auch die Soldaten Hitlers, auf deren Bauch noch das Koppelschloß verkündete: »Gott mit uns.« – »Du trägst in deinem Herzen«, stand im Reglement der Aufständischen Francos, »das Feuer eines Apostels, und deine Hände müssen das Werkzeug der *göttlichen Allmacht* sein«.

Dabei spielte, wie im Abessinienkrieg, auch bei den Franco-Söldnern Maria eine große Rolle. Die Verteidiger des Alcazar waren einschließlich ihres Generals Moscardo marianische Soldaten oder, wie Bischof Diaz y Gomars rühmte, »Ritter der allerseligsten Jungfrau, der Siegerin über den bösen Feind!« Die christlichen Kreuzfahrer geleiteten nicht nur Madonnenbilder in der Prozession, sondern verliehen auch der Muttergottes von Pilar in Saragossa, wo sie die protestantische Kirche anzündeten, den Titel eines Generalissimus der spanischen Armee. Und zur selben Zeit brachten ihre Pfarrer von der Kanzel herab Hochrufe auf Hitler aus.

Antonio Ruiz Villaplana, ein angesehener Richter, durchaus kein Kommunist, der während des Bürgerkriegs in Burgos, dem Hauptquartier der Rebellen, sein Amt ausübte, berichtet in seinem Buch *Das ist Franco*, daß die katholische Kirche an allen militärischen Kundgebungen teilgenommen, sie sogar geleitet, daß sie die Waffen gesegnet, die Tedeums organisiert habe – wie ja auch während des Hitlerkrieges in Deutschland. »In diesem entfesselten Kampf«, schreibt Villaplana, »hat die Geistlichkeit niemals ihre Rache vergessen . . . Wie eine Kriegsdrommete schmettert die Stimme dessen, der Hirt und Führer des Volkes sein sollte, kriegerische Aufrufe: ›Wir können nicht gemeinsam mit den ruchlosen Sozialisten leben . . . Krieg, Blut und Feuer! Es darf weder Waffenstillstand noch Pardon geben, ehe nicht der Sieg der Religion und Ordnung völlig gesichert ist . . .‹«

Wie weit das Kollaborieren der spanischen Kirche mit dem Caudillo ging, bezeugt auch Kardinal Gomás' Ausspruch: »Wir befinden uns in völliger Übereinstimmung mit der nationalen Regierung, die niemals einen Schritt ohne meinen Rat unternimmt, den sie immer befolgt.«

Dies alles aber wäre, wie schon gesagt, ohne Billigung des Papstes unmöglich gewesen, der ja schon 1933, zur selben Zeit, als er sich mit den Nazis arrangierte, einen »heiligen Kreuzzug« in Spanien verlangt hatte. »Der Vatikan war entschlossen«, schreibt Avro Manhattan, »Gewalt anzuwenden, nachdem sich herausgestellt hatte, daß die Politik der Kirche, die Macht auf politischem Weg zu erringen, wie in anderen Ländern so auch in Spanien gescheitert war . . . Der Vatikan nahm im Interesse Francos nicht nur mit Mussolini, sondern auch mit Hitler enge Verbindung auf. Er traf mit ihm ein Abkommen, in dem er sich als Gegenleistung für die Hilfe in Spanien verpflichtete, in der ganzen katholischen Welt eine breitangelegte Kampagne gegen den Bolschewismus zu entfachen.«

Als erste ausländische Flagge wehte über Francos Hauptquartier in Burgos die päpstliche, und über dem Vatikan wurde bald das Banner Francos gehißt. Während des Krieges aber hüllte sich Pius XI. nicht einmal in die für die Kirche seit langem obligatorische Maske der Neutralität. Schon am 14. September 1936 erhob der Papst, wie die katholische Berliner Zeitung *Germania* formulierte, »in feierlicher Ansprache Protest gegen das rotspanische Mordregime«. Nur wenige Tage zuvor hatte Hitler auf dem Nürnberger Reichsparteitag den Kampf wider die bolschewistische Gefahr gefordert.

Jetzt rief Pius XI. die ganze zivilisierte Welt auf, gegen den Bolschewismus zu kämpfen, der »bereits alle Beweise seines Willens zur Zerstörung jeglicher Ordnung von Rußland bis China, von Mexiko bis Südamerika erbracht« habe. Die »Feuer des Hasses und der Verfolgung« seien in Spanien entzündet worden und würden sich, träfe man nicht unverzüglich Maßnahmen, gegen ›alle göttlichen und menschlichen Institutionen richten‹. Schon wenige Monate später sagte der Papst in einer Rede, der Spanische Bürgerkrieg sei eine Mahnung, »ernster und drohender als alle bisherigen. Das sind Ereignisse, die mit erschreckender Gewißheit und Deutlichkeit offenbaren und ankündigen, was für Europa und die ganze Welt bevorsteht, wenn man nicht sofort und wirksam zu Schutz- und Heilmitteln greift.« Die vatikanische Jesuitenzeitschrift *Civiltà Cattolica* propagierte laufend den Bürgerkrieg. »In dem faschistischen Putsch«, schrieb sie am 2. Januar 1937, »zeigte das Heer eine hundertmal gesegnete und ruhmreiche Haltung.« Und am 20. November 1937 forderte das offiziöse Blatt des Vatikans: »Gegenwärtig . . . müssen alle ehrlichen Bürger ohne Rücksicht auf alle anderen Meinungsverschiedenheiten in dem gemeinsamen Vorhaben einig sein, die neuen Barbaren ohne Vaterland und ohne Gott hinwegzufegen, was immer auch daraus entstehen wird.«

So schlug im Sommer 1938 der Papst die Bitte der französischen und englischen Regierung, sich einem Protest gegen die Bombardierung der republikanischen Zivilbevölkerung anzuschließen, auch rundheraus ab. Was kümmerte den Papst die bombardierte spanische

Bevölkerung! Er dankte mitten im Krieg Franco für ein Huldigungstelegramm, hocherfreut darüber, »daß Wir in der Botschaft Ew. Exzellenz den angestammten Geist des katholischen Spanien pulsieren fühlen«, und sandte dem Rebellengeneral »von Herzen als Unterpfand der göttlichen Gnade Unsern apostolischen Segen«.

Nach Niederringung der Republik mit Hilfe der deutschen und italienischen Faschisten beglückwünschte der kurz zuvor gekrönte Pius XII. am 1. April 1939 Franco: »Indem Wir Unser Herz zu Gott erheben, freuen Wir Uns mit Ew. Exzellenz über den von der katholischen Kirche so ersehnten Sieg. Wir hegen die Hoffnung, daß Ihr Land nach der Wiedererlangung des Friedens mit neuer Energie die alten christlichen Traditionen wiederaufnimmt.« In seiner Antwort gab Franco der großen Dankbarkeit des spanischen Volkes Ausdruck und telegraphierte gleichzeitig an Mussolini und Hitler, denen er in der Tat noch mehr verdankte als dem Papst, der seinerseits freilich mehr durch Franco profitierte als Mussolini und Hitler zusammen. Denn obwohl der Caudillo große Sympathie für beide empfand, besonders für Hitler, von dem er höchste Auszeichnungen entgegennahm und als dessen treuer Anhänger und »aufrichtiger Freund« er ihm noch am 26. Februar 1941 schrieb, obwohl Franco Deutschland während des Krieges U-Boot- und Luftstützpunkte, Abhördienste und Kriegsmaterial zur Verfügung stellte, nicht zuletzt auch die »Blaue Division«, war er doch klug genug, den Krieg nicht zu erklären. Ja, der »undankbare Feigling«, wie NS-Außenminister Ribbentrop sagte, »der uns alles verdankt und nun nicht mitmachen will« (während Hitler jetzt äußerte, ein solcher Mann wäre bei ihm nicht einmal Kreisleiter geworden), suchte 1943, als er sah, daß der Krieg für die Faschisten verloren war, plötzlich Kontakte mit den führenden Kreisen Englands und Amerikas – womit er sich genauso verhielt wie der Vatikan.

Franco hatte noch im Anfangsstadium des Bürgerkrieges erklärt, der Spanische Staat werde »nach den Grundsätzen des Katholizismus aufgebaut werden, die recht eigentlich die Grundsätze unseres Vaterlandes sind«. Schon im September 1936 wurde so in allen Schulen der von ihm beherrschten Gebiete der Religionsunterricht Pflicht, die Madonnenbilder, die Kruzifixe erschienen wieder an den Wänden, die Schüler beteten am Anfang und Ende des täglichen Unterrichts, marschierten an Sonn- und Feiertagen mit ihren Lehrern zur Messe – kurz, alles nahm eine ähnliche und von der Kirche dirigierte Entwicklung wie schon früher im faschistischen Italien.

Anfang Juni 1939 verpflichtete sich das Franco-Regime, die ersten vier Paragraphen des Konkordats von 1851 zu respektieren, womit der Klerus wieder den größten Einfluß erhielt. Wenige Tage darauf empfing Pius XII. 3200 spanische Faschisten, an ihrer Spitze Serrano Suner, den Freund Hitlers, und General Gambara, den Befehlshaber der italienischen Truppen im Bürgerkrieg. Papst Pacelli hieß seine »teuren Söhne« willkommen. Sie hätten, führte er aus, ihrem gemeinsamen Vater viel Trost gespendet, da sie den Glauben und die Zivilisation verteidigt und dafür viel gelitten hätten. Beim Wiederaufbau, prophezeite der Papst, würde »die glorreiche Vergangenheit der katholischen Tradition, soweit möglich, noch übertroffen werden«.

Redefreiheit, Pressefreiheit, Versammlungsfreiheit wurden nun in Spanien wieder aufgehoben; Literatur, Film und Funk unter strengste Zensur gestellt; alle Parteien, außer der faschistischen Falange, jedoch einschließlich der katholischen CEDA, wurden verboten, da Franco die Interessen Roms nun viel erfolgversprechender vertrat. Auch unter Mussolini und Hitler hatte der Vatikan ja die katholischen Parteien aufgelöst. Es war dasselbe blutige Spiel. Und nachdem man auch alle nichtkatholischen Bekenntnisse unterdrückt, sämtliche protestantischen Kirchen und Schulen geschlossen und den Katholizismus zur Staatsreligion gemacht hatte, konnte der von Papst Pius XII. angekündigte »Friede in Ordnung, in Ehre, in Wohlfahrt« in Spanien einziehen, konnten weiter, wie C. Duff schreibt, sechzig Familien über zwei Drittel von allem wertvollen Grund und Boden Spaniens gehören. Und auch jetzt noch ist es »die Kirche«, die »sich unveränderlich gegen die Armen und Ausgestoßenen stellt, wenn diese die Privilegien oder Interessen der Herrenkaste in Frage ziehen oder bedrohen«. Ausnahmen unter den Klerikern bestätigen nur die Regel.

Obwohl bereits im Bürgerkrieg ungefähr 600 000 Spanier umgekommen waren, ging danach das Morden unter Franco weiter, dessen »sehr edle christlichen Gefühle« Staatssekretär Eugenio Pacelli schon während des Putsches bewundert hatte. Militärtribunale und Exekutionskommandos waren pausenlos tätig. Graf Ciano schätzte, daß in Sevilla täglich achtzig, in Barcelona täglich 150 und in Madrid täglich 200 bis 250 Hinrichtungen stattfanden. Der Einfachheit halber wurden alle Getöteten als Kommunisten bezeichnet. Nach offiziellen Statistiken der spanischen Regierung ließ Franco vom Ende des Bürgerkrieges 1939 bis zum Frühjahr 1942, also in der Zeit, in der er auf Pacellis Wunsch begann, »die alten christlichen Traditionen« wiederaufzunehmen, mehr als 200 000 Republikaner erschießen. Das entspricht einem Drittel aller Opfer des Bürgerkrieges.

Und während sich so in Spanien die päpstlichen Hoffnungen erfüllten – wobei noch immer die Folter fortbestand – und ein kleines Heer von Experten Himmlers dem General assistierte (das er als »Gehirntrust« auch in der Nachkriegszeit behielt) – während er 47 000 Soldaten nach Rußland schickte, nachdem Bischöfe und Priester sie für ihre »heilige Aufgabe« gesegnet und den »heldenhaften katholischen Kreuzfahrern gegen die Roten« geweihte Medaillons übergeben hatten, rühmte der »teure Sohn« Pacellis und Hitlers »aufrichtiger Freund« überschwenglich »die deutschen Waffen, die jene Schlachten schlagen, auf die Europa und die Christenheit so lang gewartet haben«, womit wir uns dem Verhältnis der Kirche zu Hitlerdeutschland zuwenden.

3. Kapitel

Vatikan und Nationalsozialismus

Nachdem Papst Pius XI. durch die Preisgabe der katholischen Popolaripartei und die Förderung Mussolinis in wenigen Jahren in Italien so sensationelle Erfolge erzielt hatte, versuchte er 1933 einen ähnlichen Umschwung in Deutschland durch die Preisgabe des Zentrums. Beide Male betrieb der Papst die Auflösung der katholischen Partei und ermöglichte dort Mussolini, hier Hitler die Diktatur.

In Deutschland gelang das Experiment mit Hilfe des päpstlichen Nuntius Eugenio Pacelli, des Professors für Kirchengeschichte an der Universität Bonn, Ludwig Kaas, und des Päpstlichen Kammerherrn Franz von Papen. Pacelli, der seine Tätigkeit 1901 in der diplomatischen Abteilung des Vatikans begonnen hatte und von 1917 bis 1929 als Nuntius in München und Berlin lebte, ehe er 1930 Kardinalstaatssekretär wurde, steuerte die Zentrumspartei, das politische Instrument der Kurie in Deutschland, allmählich immer mehr nach rechts. Er sympathisierte mit nationalistischen Strömungen aus Angst vor der wachsenden Macht der demokratischen und sozialistischen Kreise, zumal die Zentrumspartei immer mehr an Einfluß verlor. »Pacelli schwebt ein autoritärer Staat und eine autoritäre, von der vatikanischen Bürokratie geleitete Kirche vor«, erklärte Reichskanzler Brüning (Zentrum) im Mai 1932. Und der bis 1938 amtierende österreichische Bundespräsident Wilhelm Miklas meinte später: »Pacelli war damals in Deutschland Nuntius, als dort das Gewaltsystem eingeführt wurde. Der Papst war zur Pilsudski-Zeit in Polen. Pacelli drängte in diese Richtung. Jetzt haben wir das Ergebnis dieses Systems.«

Pacellis Helfer bei dem so folgenschweren Manöver war sein Freund Prälat Kaas, der, seit 1928 Führer der Zentrumspartei, keine wichtige Entscheidung ohne Absprache mit dem päpstlichen Nuntius fällte. Und die letzten, vom Vatikan gewünschten Schritte unternahm der Päpstliche Kammerherr Franz von Papen, der am 1. Juni 1932 zum Reichskanzler aufrückte.

Papen, der schon als Militärattaché während des Weltkrieges von einer Panne in die andere gestolpert war, wurde nun Schrittmacher des vorerst größten Verbrechers der Geschichte. Noch im Juni 1932 beseitigte er verfassungswidrig die sozialdemokratische Regierung Braun-Severing, hob das Verbot der SA und SS auf und betrieb unermüdlich die Ernennung Hitlers. Nachdem er ein halbes Jahr für diesen agitiert hatte, trafen sich beide am 4. Januar 1933 im Haus des Kölner Bankiers und NS-Parteigenossen Freiherrn von Schröder, eines Freundes der Großindustriellen Kirdorf, Vögler, Thyssen und Flick.

Bei dieser berühmt-berüchtigten Begegnung, die streng geheim bleiben sollte, versprach Papen, nach begründeter Meinung mancher Historiker, Hitler die Unterstützung des Papstes, während Papen als Gegenleistung die Vernichtung der Kommunistischen und Sozialdemokratischen Partei verlangte sowie den Abschluß eines Konkordats. Fest steht, daß Hitler bei dieser unter sechs Augen erfolgten Debatte, nach Aussage Schröders anläßlich des Nürnberger Prozesses, von der »Entfernung aller Sozialdemokraten, Kommunisten und Juden« aus führenden Stellungen sprach und daß man kurz darauf das Konkordat geschlossen hat.

»Papen und Hitler«, sagte Schröder, »einigten sich grundsätzlich, so daß viele Reibungspunkte überwunden wurden und sie gemeinsam vorgehen konnten.«

Nach weiteren fieberhaften Bemühungen wurde Hitler schließlich am 30. Januar 1933 auf Papens Vorschlag Reichskanzler, wobei Hindenburg nur zustimmte, weil ihm Papen versichert hatte, der eigentliche Regierungschef werde er, der Vizekanzler, selber sein. In einer Ansprache am 2. November 1933 sagte Papen: »Wie ich damals bei der Übernahme der Kanzlerschaft dafür geworben habe, der jungen, kämpfenden Freiheitsbewegung den Weg zur Macht zu ebnen, wie ich am 30. Januar durch ein gütiges Geschick dazu bestimmt war, die Hände unseres Kanzlers und Führers in die Hand des geliebten Feldmarschalls zu legen, so fühle ich heute wieder die Verpflichtung, dem deutschen Volk und allen, die mir ihr Vertrauen bewahrt haben, zu sagen: Der liebe Gott hat Deutschland gesegnet, daß er ihm in Zeiten tiefer Not einen Führer gab.« Und am 9. November bekannte Papen in einer Rede vor der Arbeitsgemeinschaft katholischer Deutscher in Köln: »Seit dem 30. Januar, da die Vorsehung mich dazu bestimmt hatte, ein *Wesentliches* zur Geburt der Regierung der nationalen Erhebung beizutragen, hat mich der Gedanke nicht losgelassen, daß das wundervolle Aufbauwerk des Kanzlers und seiner großen Bewegung unter keinen Umständen gefährdet werden dürfe durch einen kulturellen Bruch . . . Denn die *Strukturelemente des Nationalsozialismus* sind nicht nur der katholischen Lebensauffassung nicht wesensfremd, sondern *sie entsprechen ihr in fast allen Beziehungen.*«

Ermutigt durch die Erfahrungen mit Mussolini, half man auch Hitler, über dessen Machtergreifung der päpstliche Nuntius in Berlin, Cesare Orsenigo, »offen frohlockte«, weiter auf dem Weg zur Tyrannei. Das »Ermächtigungsgesetz«, das sie ihm ermöglichen sollte, erhielt er einerseits durch verfassungswidrige Auflösung der Kommunistischen Partei, andererseits durch die Stimmen des Zentrums. Geschlossen bekannte es sich zu Hitler. Der spätere deutsche Bundeskanzler Adenauer hatte bereits im Winter 1932/33 erklärt, »daß nach meiner Meinung eine so große Partei wie die NSDAP unbedingt führend in der Regierung vertreten sein müsse«. Ebenso hatte auch der spätere deutsche Bundespräsident Theodor Heuss schon 1932 in seinem Buch *Hitlers Weg* Hitlers »Spannkraft, Unverdrossenheit, Aufrichtigkeit, lautere Beweggründe«, seinen Willen, »der nicht handeln und bandeln, der siegen will« gerühmt.

Kaum hatte Kaas das Votum seiner Fraktion für das Ermächtigungsgesetzt erlangt, so »flüchtete« er, nach katholischer Version, »vor den Nationalsozialisten nach Rom«. Aus dem Vatikan sandte er dann Hitler, mit dem er unmittelbar vor seiner »Flucht«, ohne Wissen selbst seiner nächsten Parteifreunde, unter vier Augen konferiert hatte, »aufrichtige Segenswünsche und die Versicherung unbeirrter Mitarbeit« und forderte schließlich die Auflösung des Zentrums, die auch prompt erfolgte. Als viele Katholiken protestierten, beschwichtigte sie die Kurie durch eine halboffizielle Verlautbarung und durch Staatssekretär Pacelli. Und zur Überraschung vieler gab Prälat Kaas nach einer Unterredung mit dem

Papst und Pacelli die Erklärung ab: »Hitler weiß das Staatsschiff gut zu lenken. Noch ehe er Kanzler wurde, traf ich ihn wiederholt und war sehr beeindruckt von seinen klaren Gedanken und seiner Art, den Tatsachen ins Auge zu sehen und dabei doch seinen edlen Idealen treu zu bleiben . . . Es kommt nicht darauf an, wer regiert, wenn nur die Ordnung gewahrt bleibt. Die Geschichte der letzten Jahre in Deutschland hat den demokratischen Parlamentarismus als unfähig erwiesen.«

Nachdem nun der Führer bekommen hatte, was des Führers war, mußte auch der Papst das Seine erhalten. Am 10. April erschienen Papen und Hermann Göring im Vatikan, wo sie mit großen Ehren empfangen wurden und Pius XI., der Hitler schon früher für sein Verbot der Kommunistischen Partei gelobt hatte, sich abermals beglückt darüber zeigte, an der Spitze der deutschen Regierung eine Persönlichkeit zu sehen, die kompromißlos gegen den Kommunismus und russischen Nihilismus in allen seinen Formen kämpfe. So schloß man bereits am 20. Juli 1933 das Konkordat, um das man in der Weimarer Republik vergeblich gerungen hatte. Und obwohl seine meisten Artikel zugunsten der Kirche waren, konnte es auch Hitler als »rückhaltlose Anerkennung des derzeitigen Regimes« und »unbeschreiblichen Erfolg« feiern, verlieh es ihm doch plötzlich vor aller Welt Legalität. Denn »in Wirklichkeit«, wie Kardinal Faulhaber 1936 in München predigte, »ist Papst Pius XI. der beste Freund, am Anfang sogar der einzige Freund des neuen Reiches gewesen. Millionen im Ausland standen zuerst abwartend und mißtrauisch dem neuen Reich gegenüber und haben erst durch den Abschluß des Konkordats Vertrauen zur neuen deutschen Regierung gefaßt . . . Das Versailler Diktat hat die Deutschen vor aller Welt schuldig gesprochen, das Reichskonkordat hat der deutschen Regierung das Vertrauen des Papstes ausgesprochen und damit vor aller Welt ihr Ansehen gehoben.« Dabei war der Vatikan auch mit der eventuellen Mißachtung völkerrechtlicher Verträge durch Hitler einverstanden, denn man traf mit ihm schon damals in einem geheimen Zusatzprotokoll eine Abmachung für den Fall der allgemeinen Wehrpflicht. Die Kurie wünschte die Wiederbewaffnung Deutschlands unter Hitler – wie die der Bundesrepublik unter Adenauer[1].

Im übrigen gab es, als am 20. Juli 1933 das Konkordat zwischen dem Heiligen Stuhl und dem Deutschen Reich geschlossen wurde, über Wesen und Methode der Nazis längst keinen Zweifel mehr. Hatte Hitler doch bereits die Eroberung neuen Lebensraumes im Osten angekündigt; hatte der vom Vatikan so feierlich empfangene Göring mit der »Nacht der langen Messer« gedroht und erklärt: »Ich habe keine Gerechtigkeit auszuüben, sondern nur zu vernichten und auszurotten«; hatte man schon Massenverhaftungen ausgeführt, Konzentrationslager errichtet und die Judenverfolgung begonnen. Das alles hielt den Vatikan nicht ab. Im Gegenteil. Und da er Hitler ganz offen unterstützte, blieb dem von Rom völlig abhängigen deutschen Episkopat kaum etwas anderes übrig, als Hitler gleichfalls zu unterstützen. Hatten ihn die Bischöfe bis 1933 geschlossen bekämpft, so plädierten sie jetzt geschlossen für ihn – und zwar mit derselben Entschiedenheit, mit der sie ihn vor 1933 verdammten und nach 1945 wieder.

Ende April 1933 konferierten Vertreter des hohen katholischen Klerus mit Hitler in Berlin. Nachdem er sich selber als Katholik herausgestellt hatte, sagte er: »Man hat mich wegen der Behandlung der Judenfrage angegriffen. Die katholische Kirche hat fünfzehnhundert Jahre lang die Juden als Schädlinge angesehen, sie ins Getto gewiesen usw., da hat man erkannt, was die Juden sind . . . Ich gehe zurück auf die Zeit, was man fünfzehnhundert Jahre lang getan hat. Ich stelle nicht die Rasse über die Religion, sondern ich sehe die Schädlinge in den Vertretern dieser Rasse für Staat und Kirche, und vielleicht erweise ich dem Christentum den größten Dienst . . .« Die Begegnung verlief im besten Einvernehmen. »Die Besprechung mit Hitler«, berichtete Bischof Berning, »war herzlich und sachlich. Er sprach mit Wärme und Ruhe, hie und da temperamentvoll. Gegen die Kirche kein Wort, nur Anerkennung gegenüber den Bischöfen.«

Wer aber die Bischöfe anerkennt, den anerkennen sie auch. So heißt es in einem gemeinsamen Hirtenbrief im Juni 1933: »Wenn wir unsere Zeit mit der Vergangenheit vergleichen, so finden wir vor allem, daß sich das deutsche Volk noch mehr als bisher *auf sein eigenes Wesen* besinnt, um dessen Werte und Kräfte zu betonen. *Wir deutschen Bischöfe sind weit davon entfernt, dieses nationale Erwachen zu unterschätzen oder gar zu verhindern* . . . Wir deutschen Katholiken brauchen deswegen auch *keine Neueinstellung dem Volk und Vaterland gegenüber*, sondern setzen höchstens bewußter und betonter fort, was wir bisher schon als unsere natürliche und christliche Pflicht erkannten und erfüllten . . . Es fällt deswegen uns Katholiken auch keineswegs schwer, die neue starke Betonung der Autorität im deutschen Staatswesen zu würdigen und uns mit jener Bereitschaft ihr zu unterwerfen, die sich nicht nur als eine natürliche Tugend, sondern wiederum als eine übernatürliche kennzeichnet, weil wir in jeder menschlichen Obrigkeit einen Abglanz der göttlichen Herrschaft und eine Teilnahme an der ewigen Autorität Gottes erblicken (Röm. 13, 1 ff.) . . . *Auch die Ziele, die die neue Staatsautorität für die Freiheit unseres Volkes erhebt, müssen wir Katholiken begrüßen* . . . Wenn die neue staatliche Autorität sich weiter bemüht, sowohl die Ketten zu zerbrechen, die andere uns schlugen, als auch die eigene Volkskraft und Volksgesundung zu fördern und damit unser Volk zu verjüngen und zu einer neuen, großen Sendung zu befähigen, so liegt auch das ganz in der Richtung des katholischen Glaubens . . . Wenn sodann nach dem Willen der staatlichen Autorität die Zerrissenheit und Gegensätzlichkeit innerhalb unseres Volkes endlich der Einheit und Geschlossenheit weichen soll, so findet sie in uns Katholiken auch auf diesem Gebiet verständnisvolle und opferwillige Helfer . . .«

Nachdem die Bischöfe dann eine Reihe von Bedenken angemeldet und Forderungen an das neue Reich erhoben hatten, versicherten sie noch einmal ausdrücklich, »daß darin nicht etwa ein versteckter Vorbehalt dem neuen Staat gegenüber« liege. »Wir wollen dem Staat *um keinen Preis* die Kräfte der Kirche entziehen . . . Ein abwartendes Beiseitestehen oder gar eine Feindseligkeit der Kirche dem Staat gegenüber müßte *Kirche und Staat* verhängnisvoll treffen . . .« Dieser Hirtenbrief, »im Jubiläum unserer Erlösung« von allen deutschen Kardinälen, Erzbischöfen und Bischöfen unterzeichnet, ist ein seltsames Zeugnis vom »Kampf des deutschen Episkopats«.

Die bayerischen Bischöfe veröffentlichten schon am 5. Mai 1933 ein Hirtenwort, um die weithin herrschende Unklarheit, Unruhe und Sorge vieler Gemüter zu beheben und zur ›Klärung und Beruhigung, zur Wiederkehr des inneren Friedens‹ beizutragen: »Unsere jetzige Reichsregierung hat sich große und schwierige Aufgaben gestellt . . . *Niemand darf jetzt aus Entmutigung und Verbitterung sich auf die Seite stellen und grollen*; niemand, der zur Mitarbeit innerlich bereit ist, darf aus Einseitigkeit und Engherzigkeit auf die Seite gestellt werden. Daher rufen wir Bischöfe in tiefer Liebe zu unserem Vaterland . . . unsere Diözesanen auf, den Blick nicht mehr zu richten auf die Vergangenheit, nicht auf das zu sehen, was uns trennt, sondern auf das, was uns eint . . . *Niemand soll sich der großen Aufbauarbeit entziehen.*«

Zur Volksabstimmung am 12. November 1933, nach dem Austritt Deutschlands aus dem Völkerbund, schreiben die Bischöfe erneut: »Die Katholiken bekunden . . . ihr Einverständnis mit den weitschauenden und kraftvollen Bemühungen des Führers, dem deutschen Volk die Schrecken des Krieges und die Greuel des Bolschewismus zu ersparen, die öffentliche Ordnung zu sichern und den Arbeitslosen Arbeit zu beschaffen.«

Inzwischen hatte man auch längst erlaubt, was bis 1933 verboten war: das Betreten der Kirchen durch uniformierte SA- und SS-Männer sowie das Hissen von Hakenkreuzfahnen an und in den Kirchen. Auf dem Berliner Katholikentag am 25. Juni – Hitler hatte eine Einladung mit Bedauern abgelehnt – wurde der päpstliche Nuntius von SA-Leuten mit Hakenkreuzflaggen zum Altar begleitet. Und als nach dem Konkordatsabschluß im Berliner Hedwigsdom ein Dankgottesdienst stattfand, lautete die Anweisung: »Katholische SA- und SS-Männer Berlins nehmen geschlossen teil.« Auf dem Opernplatz spielte eine SA-Kapelle Kirchenmusik.

Erzbischof Gröber, der am 25. April die deutschen Katholiken beschwor, daß sie den »neuen Staat nicht ablehnen dürfen, sondern ihn positiv (!) bejahen und in ihm unbeirrt mitarbeiten müssen«, ordnete im August an: »Demgemäß besteht kein Hindernis, auch die Fahnen und Abzeichen der Nationalsozialistischen Arbeiterpartei in die katholische Kirche zuzulassen und deren Aufstellung im Kirchenschiff zu gestatten.«

Der Kardinal von Breslau rechtfertigte die entschlossene Kehrtwendung des gesamten hohen deutschen Klerus zum Naziregime mit den schamlosen Sätzen: »Wiederum hat sich gezeigt, daß unsere Kirche an kein politisches System, an keine weltliche Regierungsform, an keine Parteikonstellation gebunden ist. Die Kirche hat höhere Ziele, ihr obliegen übernatürliche Aufgaben«, verwahrte sich ausdrücklich und sehr energisch »gegen Vermutungen, als sei es der Kirche nicht recht ernst mit ihrem Eintreten für die neue erstandene staatliche Ordnung«.

Lateranverträge, 1929: Austausch der Ratifizierungsurkunden zwischen Kardinal Pietro Gasparri und Benito Mussolini (bei der Ansprache)

Franco beim Verlassen der Kathedrale von Valencia, in der er einem Dankgottesdienst beigewohnt hatte, 1939

Postkarte aus dem italienischen Abessinienkrieg

Deutsche Koppelschlösser aus dem Ersten und Zweiten Weltkrieg

*Bei einem Empfang im Reichspropagandaministerium:
Hitler im Gespräch mit Goebbels, neben ihm der Apostolische Nuntius
Cesare Orsenigo, April 1933*

*Unterzeichnung des Konkordats zwischen dem Deutschen Reich
und dem Vatikan, 20. Juli 1933; sitzend von links:
Prälat Ludwig Kaas, Vizekanzler Franz von Papen,
Kardinal-Staatssekretär Eugenio Pacelli, Ministerialdirektor
Dr. Rudolf Buttmann und Botschaftsrat Eugen Klee*

Katholischer Dankgottesdienst nach der Ratifizierung des Konkordats: der Päpstliche Nuntius Cesare Orsenigo beim Verlassen der St. Hedwigs-Kathedrale in Berlin, September 1933

Fronleichnamsprozession zur St. Hedwigs-Kathedrale in Berlin: links Nuntius Cesare Orsenigo, in der Mitte Vizekanzler Franz von Papen

Hitler im Gespräch mit Cesare Orsenigo, Neujahrsempfang 1936

Neujahrsempfang der Reichsregierung in der neuen Reichskanzlei, 1939; links der Apostolische Nuntius Cesare Orsenigo

Der Schwur der Ustascha auf Kreuz, Pistole und Dolch, 1941

Bischof Vogt von Aachen versprach Hitler am 10. Juli telegraphisch, mit seiner Diözese freudig am Aufbau des neuen Reiches mitzuarbeiten.

Bischof Berning von Osnabrück erklärte, die deutschen Bischöfe würden den neuen Staat mit heißer Liebe und all ihren Kräften unterstützen.

Erzbischof Gröber von Freiburg sagte am 9. Oktober auf einem katholischen Vereinstreffen unter starkem Beifall, er stelle sich »restlos hinter die Reichsregierung und das neue Reich«.

Bischof Bornewasser von Trier wurde geradezu pathetisch: »Aufrechten Hauptes und festen Schrittes sind wir eingetreten in das neue Reich und sind bereit, ihm zu dienen mit dem Einsatz aller Kräfte unseres Leibes und unserer Seele.«

Weihbischof Burger behauptete gar: »Die Ziele der Reichsregierung sind schon längst die Ziele unserer katholischen Kirche.«

Der Generalvikar des Bistums Berlin, Prälat Steinmann, der den erkrankten Bischof Schreiber vertrat, faßte den Glauben des deutschen Episkopats in dem Satz zusammen: »Unser Kanzler wurde von Gott berufen.«

Kardinal Faulhaber von München, der schon während des Ersten Weltkrieges fanatisch als Feldbischof diente, wurde ein besonders eifriger Parteigänger Hitlers. Die Feindseligkeit des Auslandes gegen den Führer schmerzte Faulhaber derart, daß er die Kardinäle Hayes von New York und Mundelein von Chikago bat, sie möchten in ihren Bischofsstädten ihren ganzen Einfluß aufbieten, um diese »Greuelhetze« zu unterbinden.

1933 beeilte sich der kühne Kardinal, Hitler handschriftlich zu beteuern: »Uns kommt es aufrichtig aus der Seele: Gott erhalte unserem Volk unseren Reichskanzler. Was die alten Parlamente und Parteien in sechzig Jahren nicht fertigbrachten«, bedankte sich Faulhaber nach Abschluß des Reichskonkordats bei Hitler, »hat Ihr staatsmännischer Weitblick in sechs Monaten weltgeschichtlich verwirklicht. Für Deutschlands Ansehen nach Osten und Westen und vor der ganzen Welt bedeutet dieser Handschlag mit dem Papsttum, der größten sittlichen Macht der Weltgeschichte, eine Großtat von unermeßlichem Segen.« In seinem Fastenhirtenbrief *Unser staatsbürgerliches Gewissen* verkündete Faulhaber: »Über allen staatlichen Thronen leuchtet also der Strahl der Autorität Gottes . . . Für das staatsbürgerliche Gewissen wäre es ein Verbrechen, durch Revolution oder Staatsstreich eine bestehende Staatsform gewaltsam umzustoßen.« Dem bayerischen Innenminister Adolf Wagner schrieb der Kardinal am 12. Juni, er habe den Klerus angewiesen, in Predigten und Privatgesprächen alles zu vermeiden, was das Vertrauen zur nationalen Regierung stören oder der friedlichen Zusammenarbeit von Kirche und Staat schaden könne.

Und der 1934 mit kirchlicher Druckerlaubnis (vom Erzbischöflichen Ordinariat Faulhabers) erschienene Band *Wächter der Kirche, ein Buch vom deutschen Episkopat* versichert, daß das Ende der Spannungen zwischen Kirche und Nationalsozialismus, mit anderen Worten die Machtergreifung Hitlers, »niemand mehr herbeigesehnt hatte als die deutschen Bischöfe selbst«.

Nach dem Zusammenbruch von Hitlerdeutschland

freilich war den Bischöfen ihr Enthusiasmus fatal, und als man sich seiner, spät genug, wieder erinnerte, taten sie und ihre Theologen alles, um ihn abzuschwächen, die Dokumente zu unterdrücken oder zu fälschen[3].

Wie die Bischöfe unterstützten auch prominente katholische Theologen und Publizisten Hitler entweder sogleich 1933 oder doch in späteren Jahren.

Joseph Pieper wies in einer eigenen Schrift 1934 die Gemeinsamkeit in der Enzyklika *Quadragesimo anno* von Pius XI. und den sozialen Vorstellungen der Nazis nach: »Die sehr weitreichenden, in einzelnen Punkten erstaunlichen Übereinstimmungen zwischen dem Richtbild der Enzyklika und den sozialpolitischen Zielen und Verwirklichungen des nationalsozialistischen Staates sollen deswegen so nachdrücklich verdeutlicht werden, damit den katholischen Christen außerhalb der NSDAP die Brücke sichtbar werde, die das Gedankengut der christlichen Soziallehre verbindet mit der nationalsozialistischen Sozialpolitik, dem Kernstück der Innenpolitik des Dritten Reiches.«

Joseph Lortz, bekannter Theologe und Parteigenosse seit dem 1. Mai 1933, beklagte erschüttert, daß der Katholizismus nicht schon längst mit den Nazis zusammenarbeite, und feierte Hitlers *Mein Kampf* als »wahrhaft groß«. Lortz dankte dem Führer für »die Rettung Deutschlands und dadurch Europas vor dem Chaos des Bolschewismus«; er verkündete die »Erkenntnis grundlegender Verwandtschaften zwischen Nationalsozialismus und Katholizismus«; er schrieb: »In vielem Wesentlichen kann nur der Katholizismus den Nationalsozialismus erfüllen«; und sprach »zu ihm ein volles ›Ja‹«.

Lortz' Kollege Michael Schmaus, nicht minder prominent und für seine Verdienste noch in der Bundesrepublik vielfach geehrt, von Franco hochdekoriert, von Pius XII. 1952 zum Päpstlichen Hausprälaten erhoben, rühmte die Nazi-Bewegung, ihre zahlreichen Unterdrückungen, verdammte scharf den Liberalismus und bekannte sich zum »rauschenden Blut und tragenden Boden«. »Die Tafeln des nationalsozialistischen Sollens und die der katholischen Imperative«, erläuterte Schmaus, »weisen in dieselbe Wegrichtung.« Und er bescheinigte der »nationalsozialistischen Vitalität«, daß »in ihr wieder der ganze Mensch zu seinem Rechte kommt, nicht nur eine Seite des Menschen, der Verstand«.

Karl Adam, dessen Hauptwerk *Das Wesen des Katholizismus* in alle Weltsprachen übersetzt worden ist, wurde dagegen erst nach Jahren nationalsozialistischer Terrorherrschaft voll und ganz von dem Segen des Regimes überzeugt. Hatte er es noch 1934 bekämpft, so rief er 1940: »Die Zeit ist endgültig vorbei, wo der Nationalsozialismus nur als eine von vielen politischen Parteien vor uns stand. Ein *viel Tieferes*, ein schlechthin Neues ist in ihm aufgebrochen: eine neue Weise, die deutsche Wirklichkeit zu sehen, sie aus *ihren Urgründen*, aus *der Eigenart des Blutes und des Volkstums zu begreifen*, sie gegen alle fremde Art abzugrenzen und die *rassischen Eigen- und Höchstwerte* zum Aufbau eines neuen Reiches einzusetzen. Nun steht dieses neue Dritte Reich vor uns, voll heißen Lebenswillens und Leidenschaft, voll unbändiger Kraft, voll schöpferischer Fruchtbarkeit. Wir Katholiken wissen uns als Glieder dieses Reiches und erblicken *unsere höchste irdische Aufgabe in unserem Dienst am Reich . . . Das deutsche Blut ist und bleibt der substantielle Träger auch unserer christlichen Wirklichkeit . . . Um des Gewissens willen dienen wir dem neuen Reich mit allen unseren Kräften, mag kommen, was will . . .*«

Nun freilich, was kam schon! Das Jahr 1951 – und das Große Bundesverdienstkreuz der Bundesrepublik Deutschland für Karl Adam. Verliehen vom Bundespräsidenten Heuss, der selber schon 1932 so anerkennende Worte für Hitler gefunden hatte . . .

Die genannten katholischen Theologen oder die deutschen katholischen Studentenführer, die sich ähnlich resolut für die Nazis engagierten, taten im übrigen selbstverständlich nur, was die Bischöfe wünschten, die ihrerseits ja wieder bloß dem Vatikan gehorchten. Gegen die willfährige Verteidigung des hohen Klerus durch Carl Amery, der das Versagen der Kirche 1933 nicht dem Papst und den Bischöfen zur Last legt, sondern ihren Gläubigen, gilt es jedenfalls festzustellen: Nicht das Gros der Katholiken ging zuerst zu Hitler über, dann der Episkopat, dann die Kurie. Sondern die Kurie entschloß sich, das Experiment, das ihr mit Mussolini geglückt war, nun auch mit Hitler zu wiederholen. Die deutschen Bischöfe gehorchten, denn: »Die Bischöfe können nicht kämpfen, wenn Rom sich für den Frieden entschließt«, wie im April 1933 die katholische *Allgemeine Rundschau* schrieb. Und die Gläubigen mußten folgen. So erklärte Carl Bachem, der Geschichtsschreiber der Zentrumspartei, Widerstand nach Anerkennung der neuen Regierung durch die

Bischöfe für moralisch unverantwortlich und unmöglich. »Es bleibt uns nichts übrig«, schloß er, »als dem Beispiel der Bischöfe zu folgen.« Die Analyse der Wahlergebnisse bestätigt diesen Gang der Entwicklung.

Der Aberwitz von Amerys Rechtfertigungsversuch zeigt sich auch, wenn man seine Behauptung, »Eugenio Pacelli, der spätere Papst Pius XII., glaubte lange, mit Hilfe einer diplomatischen Methode das Schlimmste verhindern zu können«, konfrontiert mit Pacellis eigenen Worten an Hitlers Botschafter beim Vatikan: Der Heilige Stuhl billige auch die Anwendung »äußerer Machtmittel gegen die bolschewistische Gefahr«[4].

Kardinal Faulhaber, der schon 1933 so spontan mit Hitler sympathisierte, forderte auch 1934 unablässig »Ehrfurcht und Gehorsam« vor der staatlichen Obrigkeit, deren »unschätzbaren Dienst« auf so vielen Gebieten er rühmte.

Der Bischof und preußische Staatsrat Wilhelm Berning von Osnabrück schrieb 1934 in einem Hirtenwort: »Wir *deutschen Katholiken*, die wir als treue Söhne unserer Heiligen Kirche für die Erhaltung und Bewahrung unserer religiösen und sittlichen Güter eintreten, sind ebenso auch *treue* Söhne unseres *deutschen Staates*, die den Aufbau und Ausbau des neuen Reiches freudig und entschlossen mitgestalten wollen. Dazu haben wir als deutsche Katholiken das *Recht* und die *Pflicht*.« Als Bischof Berning im Sommer 1936 die schon äußerst berüchtigten Konzentrationslager im Emsland besichtigte, pries er die »Aufbauarbeit« Himmlers und seiner Kreaturen und zögerte nicht zu sagen: »Hierhin müßten alle die geführt werden, die noch zweifeln an der Aufbauarbeit des Dritten Reiches. Was man früher versäumte, das ist heute hier in Angriff genommen worden.« Und im selben Jahr verlangte Bischof Berning als Schutzherr des Reichsverbandes für die katholischen Auslandsdeutschen auf einem Kongreß in Frankfurt die Rückkehr der deutschen Kolonien.

Der Freiburger Erzbischof Gröber, förderndes Mitglied der SS, belegte 1935 in einem eigenen Buch die Staatstreue der Katholiken durch die Jahrhunderte.

Im selben Jahr richtet die Fuldaer Bischofskonferenz eine Denkschrift an Hitler. »Mit Ihnen«, heißt es darin, »hat Papst Pius XI. als erster Souverän des Auslandes durch das Reichskonkordat den Handschlag des Vertrauens getauscht, Ihnen hat Papst Pius XI. im Konsistorium vor aufhorchenden Vertretern der anderen Nationen das hohe Lob ausgesprochen, daß Sie als erster Staatsmann mit ihm vom Bolschewismus abrücken.«

Geradezu ergreifend verwahren sich die Bischöfe: »Es ist eine Unwahrheit, zu sagen, die deutschen Bischöfe hätten den Staat niemals anerkannt, niemals die Mitarbeit am Erneuerungswerk des neuen Staates zugesagt . . . Die Bischöfe mögen tun, was sie wollen, durch Kirchenbauten Arbeit beschaffen, Saarkundgebungen erlassen, das Winterhilfswerk empfehlen, alles wird als Ausdruck staatsfeindlicher Gesinnung oder als Heuchelei verdächtigt. In einer Rede haben Sie, Herr Reichskanzler, einmal ein erschütterndes Wort gesprochen: ›Was ich auch mache, es wird alles mißdeutet. Was soll ich überhaupt noch machen?‹ Wir Bischöfe fühlen uns in der gleichen Lage.«

Nachdem eine Reihe von ihnen im März 1936 begeistert Hitlers Besetzung der entmilitarisierten Zone des Rheinlandes begrüßt hatten, darunter »mit ergriffener Seele« auch Kardinal Schulte von Köln, dem Nazismus gegenüber angeblich viel skeptischer als viele seiner Amtsbrüder, veröffentlichten sie im Dezember wieder einen gemeinsamen Hirtenbrief. Darin traten sie, wie wiederholt zuvor, abermals nachdrücklich für ihre Rechte ein, doch ebenso nachdrücklich für Hitler. »Die deutschen Bischöfe halten es für ihre Pflicht, das Oberhaupt des Deutschen Reiches in diesem Abwehrkampf mit *allen Mitteln zu unterstützen* . . .«

Als im März 1938 Hitlers Truppen Österreich besetzten, ließ Kardinal Innitzer von Wien den »Anschluß« mit Glockengeläut, Hakenkreuzfahnen an den Kirchen und Dankgottesdiensten feiern und begrüßte Hitler, wie dieser selbst erzählte, »mit so strahlendem Gesicht . . . als ob er während der ganzen österreichischen Systemzeit nie auch nur einem einzigen Nationalsozialisten je ein Härchen gekrümmt gehabt habe«. Noch im selben Monat veröffentlichten die österreichischen Bischöfe die *Feierliche Erklärung* zur Volksabstimmung: »Aus innerster Überzeugung und mit *freiem Willen* erklären wir unterzeichneten Bischöfe der österreichischen Kirchenprovinzen anläßlich der großen geschichtlichen Geschehnisse in Deutschösterreich:

Wir erkennen *freudig* an, daß die *nationalsozialistische Bewegung* auf dem Gebiet des völkischen und wirtschaftlichen *Aufbaues* sowie der Sozialpolitik für das Deutsche Reich und Volk und namentlich für die *ärmsten Schichten* des Volkes *Hervorragendes geleistet hat und leistet.* Wir sind auch der Überzeugung, daß durch das Wirken der nationalsozialistischen Bewegung die *Gefahr des alles zerstörenden gottlosen Bolschewismus abgewehrt wurde.* Die Bischöfe begleiten dieses Wirken für die Zukunft mit ihren *besten Segenswünschen* und werden auch die Gläubigen in diesem Sinn ermahnen.

Am Tage der Volksabstimmung ist es für uns Bischöfe *selbstverständlich nationale Pflicht, uns als Deutsche zum Dritten Reich zu bekennen*, und wir erwarten auch von *allen gläubigen Christen*, daß sie wissen, *was sie ihrem Volke schuldig sind.*«

Kardinal Innitzer, der (zusammen mit dem Fürsterzbischof Waitz von Salzburg) in einem Vorwort zu der *Feierlichen Erklärung* behauptete, daß nun »die tausendjährige Sehnsucht unseres Volkes« ihre Erfüllung finde, fuhr bald darauf nach Rom, wo er mit dem Papst und Pacelli konferierte. Nach seiner Rückkehr wies der Kardinal den Wiener Klerus an, deutsche Fahnen an den Kirchen aufzuhängen und am Vorabend der Volksabstimmung die Glocken zu läuten. Am 10. April betrat Innitzer ein Wahllokal mit dem »Deutschen Gruß«. Auch Briefe an Nazi-Funktionäre schloß er jetzt mit »Heil Hitler«, hatten doch mehrere deutsche Bischöfe schon jahrelang diesen Gruß benutzt. Und selbstverständlich ließ auch der deutsche Episkopat aus Freude über den »Anschluß« die Glocken läuten.

Als Hitler, ebenfalls noch 1938, die Tschechoslowakei durch Gewaltandrohung zur Kapitulation zwang, sandte ihm die Fuldaer Bischofskonferenz eine Glückwunschadresse und ordnete abermals ein feierliches Läuten der Glocken an.

Auch zu Hitlers fünfzigstem Geburtstag, im Jahr darauf, ließen die Bischöfe in ganz Deutschland von allen Kirchen ein Festgeläut erschallen, an den Kirchen Hakenkreuzfahnen hissen und überall besondere Gottesdienste feiern. Und noch der so kritische Kardinal Schulte beteuerte in einer Kundgebung: »Unsere Treue zum Deutschen Reich und seinem Führer haben wir soeben an dessen 50. Geburtstag noch einmal feierlich bekundet. *Diese Treue kann durch nichts erschüttert werden.* Denn sie beruht auf den unveränderlichen Grundsätzen unseres heiligen Glaubens.«

Es ist wahr – kein Verbrechen, das Hitler schon begangen hatte und noch beging, konnte ihre Treue erschüttern. Sie kamen aus Gebeten und Gottesdiensten für Hitler, aus den Glückwunschadressen und dem Glockengeläute kaum noch heraus.

Selbst der »Löwe von Münster«, Bischof Graf von Galen, der sich der Welt zum Inbegriff eines katholischen Widerstandskämpfers verklärte, obwohl er, außer seinem Protest gegen die Ermordung Geisteskranker, lediglich für katholische Belange eingetreten ist, unterzeichnete sämtliche gemeinsamen Hirtenbriefe, in denen die Bischöfe Hitler unbeirrte Mitarbeit versicherten und die Katholiken zu treuer Pflichterfüllung und tapferem Ausharren aufriefen. Ja, Galen verteidigte seine Proteste gegen die Verhaftung von Geistlichen, gegen die Beschlagnahme von Kircheneigentum und die Bekämpfung religiöser Institutionen geradezu mit der Behauptung, die religionsfeindliche Politik des Hitlerregimes hindere Deutschland an einem Sieg! Sie könne den Verlauf des Krieges ungünstig beeinflussen, da sie

»die innere nationale Einheit« untergrabe. Der gefeierte katholische Kirchenfürst versicherte, »die Christen werden ihre Pflicht tun«, die deutschen Soldaten »wollen für Deutschland kämpfen und sterben« und dergleichen. Hatte doch kein anderer als Bischof Galen 1938 ein *Fahneneid* betiteltes Buch autorisiert – übrigens ausgerechnet zur Zeit der »Kristallnacht«, als die Nazis 191 Synagogen in Brand steckten und weitere 76 demolierten –, worin es hieß: »Der Führer verkörpert die Einheit des Volkes und des Reiches. Er ist der oberste Träger der staatlichen Gewalt. Ihm als solchem zu gehorchen, ist der christliche Deutsche auch ohne Eid im Gewissen gebunden.« Hitler wird in dieser vom »Widerstandskämpfer« Galen autorisierten Schrift ganz nach der üblichen katholischen Taktik gegenüber Mächtigen als »Vorbild wahrhaft soldatischen Wesens und soldatischer Tugend« gerühmt, als ein Heros, »der den Sinn seines Lebens in der Mehrung der Größe und Ehre seines Volkes sieht und Tag für Tag selbst das Beispiel der Treue gibt«. Entsprechend hat der »wahrhaft christliche deutsche Soldat . . . seine ehrfürchtige und liebende Hingabe an den Führer im Gebet zum Ausdruck« zu bringen und »das Leben und die Ehre von Volk und Vaterland . . . bis zum letzten Blutstropfen zu verteidigen«.

»Was Frost und Leid!
Mich brennt ein Eid,
Der glüht wie Feuerbrände
Durch Schwert und Herz und Hände.
Es ende drum, wie's ende –
Deutschland, ich bin bereit!«

Es ende drum, wie's ende – ermächtigt durch Graf Galen. Und wie endete es? Fünfundfünfzig Millionen Menschen waren tot, und Bischof Galen wurde Kardinal und sollte seliggesprochen werden; worüber sich sogar kirchentreue Katholiken erregten.

Obwohl die deutschen Prälaten nach einer weitverbreiteten Legende nur in den ersten Jahren Hitlers »diabolischer Taktik« erlagen, unterstützten sie ihn tatsächlich bis zum Schluß, während des Krieges zunächst sogar noch intensiver. Das kann hier nicht an Hand der vielen Dutzenden von *einzelnen* Hirtenbriefen gezeigt werden, worin die Bischöfe die Soldaten aufforderten, siegreich fürs liebe Vaterland zu kämpfen oder zu sterben, worin sie »jedes Opfer« verlangten, Deutschland als »Retter und Vorkämpfer Europas«, Hitler als »das leuchtende Bild eines wahrhaften Kämpfers« und seinen Rußlandüberfall als »Kreuzzug« und »heiligen Krieg« feierten und erklärten, die Russen seien wegen ihres Hasses auf Christus »fast zu Tieren« entartet. Auch das fortwährende Glockengeläut, Fahnenhissen an Kirchen, die Festgottesdienste und das ganze Jubelgebrüll, mit dem sie Hitlers Siege begleiteten, sowie ihre innige Freude über das Mißlingen der Attentate auf ihn, wozu sie Glückwunschadressen sandten und Dankgottesdienste zelebrierten, seien übergangen.

Statt dessen werden nur einige *gemeinsame* Hirtenbriefe zitiert, die freilich noch gewichtiger sind als die Einzelaussagen.

»In dieser entscheidenden Stunde«, schreiben die deutschösterreichischen Bischöfe zu Kriegsbeginn im September 1939, »ermutigen und ermahnen wir unsere katholischen Soldaten, aus Gehorsam zum Führer ihre Pflicht zu tun und bereit zu sein, *ihre ganze Person zu opfern.*«

Nun, konnte Hitler mehr verlangen von Leuten, mit denen er einen Kirchenkampf führte? Mehr, es muß wiederholt werden, wollte er auch nicht als Opferung der ganzen Person oder, wie die Bischöfe schon 1936 versprachen, »Treue bis in den Tod« oder, wie es Widerstandskämpfer Galen autorisierte, Verteidigung »bis zum letzten Blutstropfen«. »Wir appellieren an die Gläubigen, sich in innigen Gebeten zu vereinen, damit Gottes Vorsehung diesen Krieg zu einem gesegneten Erfolg und zum Frieden für Vaterland und Volk führen möge.«

Am 26. Juni 1941 ermutigen alle deutschen Bischöfe in einem Hirtenschreiben die Gläubigen: »Bei der Erfüllung der schweren Pflichten dieser Zeit, bei den harten Heimsuchungen, die im Gefolge des Krieges über euch kommen, möge die *trostvolle Gewißheit* euch stärken, daß ihr damit nicht nur dem Vaterland dient, sondern zugleich *dem heiligen Willen Gottes folgt.*« Hitlers Rußlandfeldzug entsprach also dem heiligen Willen Gottes.

Und schon am 10. Dezember 1941 bekennen alle katholischen Bischöfe Deutschlands erneut: »Wir begleiten unsere Soldaten mit unseren Gebeten und gedenken in dankbarer Liebe der Toten, die ihr Leben für ihr Volk hingaben. Wir haben *immer wieder* und noch im Hirtenbrief des Sommers unsere Gläubigen *zu treuer Pflichterfüllung, zu tapferem Ausharren*, opferbereitem Arbeiten und Kämpfen im Dienste unseres Volkes in schwerster Kriegszeit *eindringlichst* aufgerufen. *Mit Genugtuung* verfolgen wir den Kampf gegen die Macht des Bolschewismus, vor dem wir deutschen Bischöfe in zahlreichen Hirtenbriefen vom Jahre 1921 bis 1936 die Katholiken Deutschlands gewarnt und zur Wachsamkeit aufgerufen haben, wie der Reichsregierung bekannt ist.«

Auch noch 1942 und 1943 standen die Bischöfe in dieser eindeutigen Weise Hitler und seinen Verbrechen bei, während sie mit seinen Niederlagen allmählich zurückhaltender wurden. Nicht wenige freilich unterstützten ihn öffentlich noch 1944, manche sogar noch 1945, unter ihnen die Bischöfe von Bamberg und Würzburg, der Erzbischof Jäger von Paderborn (der 1957 die Erfüllung der »Ideale der Kreuzzüge . . . in neuzeitlicher Form« forderte und 1965 Kardinal wurde) oder der stellvertretende katholische Feldbischof Georg Werthmann, der Hitlers Truppen noch 1945 in einem Aufruf anfeuerte: »Vorwärts, christliche Soldaten, auf dem Weg zum Sieg!«

Es ist also nichts mit dem angeblich nur kurzfristigen, auf die Jahre 1933 und 1934 beschränkten nazifeindlichen Taktieren des deutschen Episkopats. Und auch die schon bald einsetzenden Klagen, Differenzen, Auseinandersetzungen, die Verhaftungen von einigen tausend Katholiken und sogar die Blutzeugen, mit einem Wort, der sogenannte Kirchenkampf, entlastet die Prälaten nicht. Denn dieser Kirchenkampf, mit dem man nun bereits seit Jahrzehnten renommiert und die bischöflich-vatikanische Blutschuld vertuscht, wurde nicht gegen den Nationalsozialismus an sich geführt. Er betraf, sieht man vom Protest einzelner gegen die Tötung der Geisteskranken ab, nur katholische Interessen, was man sich nicht bewußt genug machen kann. Niemals protestierten die deutschen Bischöfe unter Hitler gegen ihn selbst. Niemals gegen sein satanisches System. Niemals gegen eine Politik, mit der er die halbe Welt ins Unglück stürzte. Das störte sie nicht. Das unterstützten sie. Nein, ihre Beschwerden betrafen lediglich Hitlers Religionspolitik, seine Verletzungen des Konkordats. Er hatte versprochen, die Rechte der Kirche zu respektieren, dachte aber gar nicht daran, sein Versprechen zu halten. So wehrten sich die Bischöfe gegen die Beschneidung kirchlicher Ansprüche im Bereich der Jugenderziehung, des Schulwesens, der Presse, des Gottesdienstes und der Feiertage, sie wehrten sich gegen die Gleichschaltung katholischer Vereine, gegen Kritik am Klerus, am Alten Testament, an den Evangelien, gegen die Konfiskation von Kirchengütern, das Verbot von Prozessionen, die Mönchsprozesse, obwohl sogar der Papst nach einer Reihe von Prozessen eine ganze Provinz des Franziskanerordens wegen »Ausschweifungen« auflöste. Und manchmal tadelte natürlich auch die Kurie mit herben Worten das Nichteinhalten des Konkordats.

Doch immer – auch in Pius' XI. Enzyklika *Mit brennender Sorge* vom 4. März 1937, die, laut Staatssekretär Pacelli, »bei aller Freimütigkeit wohlwollend« war – ging es der Kirche nur um Wahrung ihrer Interessen, um den »rechten« Gottesglauben, den Glauben an die »alleinseligmachende« Kirche, das Recht auf freie Religionsbestätigung, um die Bittprozessionen, die Kreuze in den

Schulen usw., aber sonst, mit Ausnahme der Euthanasie, um nichts. Niemals beklagten die deutschen Bischöfe Hitlers Aufhebung der demokratischen Grundrechte der Presse-, Rede- und Versammlungsfreiheit, was ja jahrhundertealten kirchlichen Vorstellungen entsprach. Niemals wandten sich die deutschen Bischöfe gegen die vielen Tausende von Justizmorden an ihren Gegnern, gegen die Beseitigung von Liberalen, Demokraten, Kommunisten. Niemals protestierten diese Bischöfe gegen Hitlers Überfall auf Österreich, die Tschechoslowakei, Polen, Dänemark, Norwegen, Belgien, Holland, Frankreich, Jugoslawien oder gar die Sowjetunion, einen Krieg, den sie doch »mit Genugtuung« verfolgten. Niemals protestierten sie gegen die Judenpogrome, gegen die Zerstörung von mehr als zweihundert Synagogen, gegen die Verschleppung und Vergasung der Juden, die ihre eigene Kirche ja eineinhalb Jahrtausende lang gemartert und getötet hatte. Es sei nicht seine Aufgabe, betonte Ende 1935 Bischof Galen, vergangenen Staatsformen nachzutrauern und die gegenwärtige staatliche Politik zu kritisieren. Kein einziger Hirtenbrief, beteuerte Kardinal Bertram 1936, habe den Staat, die Bewegung oder den Führer kritisiert. Und in corpore erklärten die Bischöfe im selben Jahr, das Dritte Reich um so kraftvoller unterstützen zu können, je mehr Freiheit ihre Kirche genieße.

Doch nicht genug damit. Wer den nationalsozialistischen Staat als solchen angriff, wurde von ihnen preisgegeben, ja oft im Sinn der Nazis zu »bekehren« versucht. So versichert die Denkschrift der Fuldaer Bischofskonferenz 1935: »Wir lehnen jede staatsfeindliche Handlung oder Haltung von Mitgliedern strengstens ab . . . Wer heute in das Vereinsleben . . . regierungsfeindliche Strömungen leiten wollte, müßte unnachsichtlich aus den Vereinen entfernt werden . . . Die für die Gefangenen bestellten Geistlichen werden . . . den Sträflingen zur . . . Anerkennung der staatlichen Ordnung verpflichten und so zur inneren Umstellung und Besserung der Gefangenen mithelfen.« Noch Hitlers Gegner in Zuchthäusern und Konzentrationslagern, einschließlich der katholischen Kriegsdienstverweigerer, wollten sie zu Nazi-Kreaturen machen, wofür es eindrucksvolle Beispiele gibt.

Und gerade der nach dem 20. Juli 1944 hingerichtete Pater Alfred Delp hat bekannt: »Die künftige deutsche Geschichte wird das bittere Kapitel zu schreiben haben über das Versagen der Kirchen.«

Delp spricht mit Recht vom Versagen der Kirchen! Hatte sich doch die Deutsche Evangelische Kirche womöglich noch entschiedener auf Hitlers Seite gestellt, wie wenigstens beiläufig dokumentiert werden soll.

Zu der März-Wahl 1933 fordert der Evangelische Bund: »Evangelische Christen, erkennt den Ernst und die Verheißung *dieser Wahlentscheidung* . . . Tretet hinter die Männer der gegenwärtigen Regierung, um ihnen Gelegenheit zu schöpferischer Arbeit zu geben. Seid eurer Verantwortung eingedenk: es geht um Deutschlands Rettung!«

Nach der Wahl schreibt die *Allgemeine Evangelisch-Lutherische Kirchenzeitung*: »Hier war für die Kirche kein Platz zum Auf-der-Seite-Stehen, sondern zum Mittun . . . und jeden Tag von neuem wird es uns klar: wir sind bewußte Zeugen großer, werdender Geschichte . . . Aber bei aller Freude über die Wendung im Innern dürfen wir keinen Tag vergessen, daß die außenpolitische Befreiung noch erkämpft werden muß!«

Das sogenannte Drei-Männer-Kollegium (Kapler, Marahrens, Hesse) erklärt als Bevollmächtigter des Deutschen Evangelischen Kirchenausschusses und damit sämtlicher evangelischer Kirchen Deutschlands in einer Kundgebung am 25. April 1933: »Zu dieser Wende der Geschichte sprechen wir ein dankbares Ja. Gott hat sie uns geschenkt. Ihm sei die Ehre!«

Der evangelische Wehrkreispfarrer Ludwig Müller stellt sich einen Tag später in einem Aufruf vor: »Mit Gottvertrauen und im Bewußtsein der Verantwortung auf Gott gehe ich ans Werk. Das Ziel ist die Erfüllung evangelisch-deutscher Sehnsucht seit den Zeiten der Reformation.«

Zu den beiden letzten Aufrufen bekannte sich im Namen der Jungreformatorischen Bewegung ausdrücklich auch der spätere Landesbischof Lilje.

Der Landesbischof von Thüringen, Reichardt, schreibt am 25. Oktober 1933: »Schuldige Dankespflicht gegen Gott und Adolf Hitler treibt uns, uns feierlich und einmütig hinter den Mann zu stellen, der unserem Volk und der Welt gesandt ist, die Macht der Finsternis zu überwinden. Wir rufen darum unsere Gemeinden auf, gleichen Sinnes mit uns sich als ein einig Volk von Brüdern hinter den Führer zu stellen.«

Während der Besetzung der entmilitarisierten Zone des Rheinlandes im März 1936 telegraphiert der Reichskirchenausschuß an Hitler: »Tief ergriffen von dem

Ernst der Stunde und von der festen Entschlossenheit des aus seiner Verantwortung vor Gott handelnden Führers steht die Deutsche Evangelische Kirche *freudig bis zum letzten Einsatz* für des deutschen Volkes Ehre und Leben bereit.« Die Evangelischen Pfarrervereine machten sich diese Treuebekundung für den Führer »vollinhaltlich zu eigen«.

Am 20. November 1936 geloben die evangelischen Landesbischöfe: »Wir stehen mit dem Reichskirchenausschuß hinter dem Führer im Lebenskampf des deutschen Volkes gegen den Bolschewismus . . . Wir werden unsere Gemeinden unermüdlich aufrufen zum vollen Einsatz der christlichen Kräfte in diesem Kampf in der Gewißheit, daß damit dem deutschen Volk *der wertvollste Dienst* geleistet wird.«

Am 2. September 1939, zu Beginn des Zweiten Weltkrieges, versichern sie: »Die Deutsche Evangelische Kirche stand immer in treuer Verbundenheit zum Schicksal des deutschen Volkes. Zu den Waffen aus Stahl hat sie unüberwindliche Kräfte aus dem Wort Gottes gereicht . . . So vereinigen wir uns auch in dieser Stunde mit unserem Volk in der Fürbitte für Führer und Reich . . .«

Der Reichsbundesführer der Evangelischen Pfarrervereine eröffnet einen Aufruf am 8. September 1939: »Großdeutschland ruft zum Dienst. Es ruft jedermann, alt und jung, Mann und Weib – es ruft auch uns. Die einen zum Dienst draußen im Feld, die anderen daheim als Diener dessen, der gesagt hat: ›Kommet her zu mir alle, die ihr mühselig und beladen seid; ich will euch erquicken.‹«

Nach dem geglückten Überfall auf Polen danken die deutschen evangelischen Kirchenführer Gott und Hitler in ihrer Kanzelankündigung zum Erntedankfest 1939: »Und mit dem Dank gegen Gott verbinden wir den Dank gegen alle, die in wenigen Wochen eine solche gewaltige Wende heraufgeführt haben: gegen den Führer und seine Generale, gegen unsere tapferen Soldaten auf dem Lande, zu Wasser und in der Luft . . . Wir loben Dich droben, Du Lenker der Schlachten, und flehen, mögst stehen uns fernerhin bei.«

Nach dem Angriff auf die Sowjetunion erhielt Hitler am 30. Juni 1941 ein langes, enthusiastisches Telegramm, das mit den Worten beginnt: »Der Geistliche Vertrauensrat der Deutschen Evangelischen Kirche, erstmalig seit Beginn des Entscheidungskampfes im Osten versammelt, versichert Ihnen, mein Führer, in diesen hinreißend bewegten Stunden aufs neue die unwandelbare Treue und Einsatzbereitschaft der gesamten evangelischen Christenheit des Reiches . . . Das deutsche Volk und mit ihm alle seine christlichen Glieder danken Ihnen für diese Ihre Tat.«

Doch noch viel später bekennen sich die Führer der evangelischen Kirche zu Hitler, ja, sie rufen zum »totalen Krieg« mit auf, wie der Präsident des Lutherischen Weltkonvents, Marahrens, der am 20. Juli 1943 von den Pastoren »rücksichtslose Entschlossenheit« verlangt. »Überall muß die Erkenntnis geweckt werden: wir stehen in einem unseren ganzen Einsatz fordernden Krieg, und dieser Krieg muß in unbeirrbarer Hingabe frei von aller Sentimentalität geführt werden.« Nur wenige Zeilen danach erinnert der hohe protestantische Kirchenführer ohne Scham an Lukas 9,62, wo es heißt: »Niemand, der die Hand an den Pflug gelegt hat und dann noch rückwärts blickt, ist für das Reich Gottes tauglich.«

Selbstverständlich gab es Protestanten, die nicht nur immun gegenüber dem Nationalsozialismus waren, sondern auch öffentlich davon Zeugnis ablegten. Es sei nur an die Bekennende Kirche erinnert, an Männer wie Karl Immer, Paul Schneider, Landesbischof Wurm oder Martin Niemöller, der zwar die Machtergreifung der Nazis begrüßt, sich dann aber bald von ihnen distanziert hat. Niemöllers Briefe an Hitlerminister muß man lesen, um seine Unerschrockenheit würdigen zu können. Bezeichnenderweise stand er auch zur Politik der Bundesregierung wieder in scharfer Opposition.

Doch sogar ein Mitglied der Bekennenden Kirche, Hans Asmussen, räumt das feige Verhalten selbst dieser Gruppe ziemlich unumwunden ein. Während Asmussen Zeuge von vielen Gesprächen Goerdelers mit höchsten Armeeführern der Ostfront gewesen ist, wobei »ganz offen die Frage ventiliert wurde, wann es Zeit sei, gegen Hitler loszuschlagen«, meinte er: »Schwer zu sagen«, wann die Bekennende Kirche »den Staat als ihren Gegner zu sehen lernte«, und zwar deshalb, »weil es nicht offen gesagt werden konnte und wir oft auch untereinander unsere Meinung verbargen.« Denn, wie Asmussen selber betont, »nur *sehr* wenige« seien es gewesen, »mit denen man offen reden konnte.«

Sogar ein Bischof, der sich zur Bekennenden Kirche zählte, führte noch bei Kriegsausbruch auf Grund des 23. Psalms aus, Gott habe den Deutschen durch Adolf Hitler auch einen »Tisch wider unsere Feinde bereitet«.

Und selbst der Vorsitzende der ersten »Vorläufigen Leitung« der Bekennenden Kirche, der damalige hannoversche Landesbischof, beteuerte in einem Rechenschaftsbericht: »Wir wiederholen es an dieser Stelle ausdrücklich, was wir unzählige Male seit dem Anbruch unseres nationalsozialistischen Staates öffentlich und feierlich erklärt haben: daß wir in Opferbereitschaft und Treue für diesen Staat einzutreten bereit sind.«

Dasselbe beteuerten, wie wir sahen, auch die katholischen Bischöfe Deutschlands, natürlich im engsten Einvernehmen mit dem Papst, was im folgenden zu zeigen ist.

Es war Eugenio Pacelli, der am 2. März 1939 als Pius XII. den Päpstlichen Stuhl bestieg – zur Freude von ganz Nazideutschland. Hatte er doch dreizehn Jahre in Deutschland als Bewunderer der »großen Eigenschaften dieses Volkes« gelebt und nicht zuletzt das Konkordat von 1933 mit zustande gebracht. Doch auch noch im Kirchenkampf mit Hitler war Pacelli stets auf Ausgleich und Vermittlung bedacht. Denn sowenig er selbstverständlich Sympathien für Hitlers Antiklerikalismus zeigte, vielmehr dessen Kirchenfeindschaft stets verdammte, so schätzte er doch seine Vernichtung der Liberalen, Sozialisten, Kommunisten. Und er erwartete von ihm ohne Zweifel die Vernichtung des Bolschewismus überhaupt. Schon am 30. April 1937 schrieb er Hitlers Botschafter beim Vatikan, Diego von Bergen, der Heilige Stuhl verkenne »nicht die große Bedeutung, welche die Bildung innerlich gesunder und lebensfähiger politischer Abwehrfronten gegen die Gefahr des atheistischen Bolschewismus besitzt«. Der

Heilige Stuhl, bekannte Pacelli, bekämpfe den Bolschewismus ebenfalls, doch mit anderen Mitteln. Er billige aber auch die Anwendung »äußerer Machtmittel gegen die bolschewistische Gefahr«; ja, er sah darin »eine wesentliche Sendung und Aufgabe«. Demgegenüber war der Nationalsozialismus für ihn nicht mehr als »das kleinere Übel«, von dem er die Beseitigung des größeren erhoffte. Pacelli, wie die meisten Kurienkardinäle ganz von diplomatisch-politischen Kategorien geformt, war ein kalter, zeitlebens in großen Zusammenhängen denkender Rechner, dessen Vorliebe für Deutschland und Furcht vor dem Kommunismus seine Politik bestimmten.

So ist es kein Wunder, daß das Auswärtige Amt in Berlin Pacellis Wahl ebenso begrüßte wie die gesamte Nazipresse. Selbst »Das Schwarze Korps« Himmlers griff die Kirche nicht mehr an. Mitten im Krieg kam Unterstaatssekretär Luther im Auswärtigen Amt in einem längeren Memorandum zu dem Schluß: »Seit Anfang des Krieges hat der gegenwärtige Papst seine politischen Pläne auf den Sieg der Achsenmächte gegründet.« Und der Leiter des Geheimdienstes, SS-Obergruppenführer Schellenberg, schrieb damals in einem fünfseitigen Bericht über ein Gespräch mit dem Papst: »Der Papst wird sein möglichstes tun, um einen deutschen Sieg zu sichern. Sein Ziel ist die Zerstörung Rußlands.« Papst Pacelli war so sehr von deutschen Jesuiten umgeben und derart deutschfreundlich, daß der italienische Vatikan-Botschafter di Custoza bald vom »Papst der Deutschen« sprach, der oft geradezu der »deutsche Papst« genannt worden ist. Doch waren auch die italienischen Faschisten mit Unterstaatssekretär Buffarini überzeugt: »Das ist der Papst, den wir nötig haben.«

Pius XII. empfing als ersten Botschafter den deutschen, dem er seinen »heißen Wunsch für den Frieden zwischen Kirche und Staat« mitteilte, gab seine Wahl, wie er selbst betonte, als erstem Staatsoberhaupt dem »Führer« bekannt und flehte brieflich nach dessen bereits sieben Jahre währenden Terrorherrschaft – auch das große Judenpogrom, die »Kristallnacht«, war bereits vorüber – »mit den besten Wünschen den Schutz des Himmels und den Segen des allmächtigen Gottes« auf Hitler herab. Sogar der Apologet des Papstes, Prälat Alberto Giovannetti, konzediert von diesem Pacelli-Brief an Hitler: »In seinem Umfang und den zum Ausdruck kommenden Empfindungen hat er nicht seinesgleichen unter den anderen damals vom Vatikan versandten amtlichen Schreiben.«

Zwei Wochen nach Pacellis Thronbesteigung am 15. März 1939 fielen Hitlers Truppen in die Tschechoslowakei ein. Doch selbst »eindringlichste Versuche«, den Papst zum Anschluß an die Proteste der demokratischen Staaten zu bewegen, lehnte Pius XII., wie der deutsche Vatikan-Botschafter telegraphierte, »sehr entschieden« ab. Dagegen wünschte er allen kundzutun, »wie sehr er Deutschland schätze, und daß er gewillt sei, für Deutschland viel zu tun«.

Am 25. April 1939, zehn Tage nach dem Angriff auf die Tschechoslowakei, sagte Pius XII., laut Bericht von Ohrenzeugen, zu etwa 160 deutschen Rom-Reisenden, die er in Audienz empfing: »Wir haben Deutschland, wo Wir Jahre Unseres Lebens verbringen durften, immer geliebt, und Wir lieben es jetzt noch viel mehr. Wir freuen Uns der Größe, des Aufschwungs und des Wohlstandes Deutschlands, und es wäre falsch, zu behaupten, daß Wir nicht ein blühendes, großes und starkes Deutschland wollen.« Zumal dessen Ausdehnung nach Osten mußte Pacelli willkommen sein. Und gerade an der Zerstörung der »Hussitenrepublik«, in der von 1918 bis 1930 weit über eine Million Katholiken aus der Kirche austraten, hatte vor Hitler schon der Vatikan gearbeitet, indem er die separatistische Bewegung der slowakischen Volkspartei unterstützte, einer antisemitisch geprägten, konservativen und katholischen Partei, die zunächst der Prälat Hlinka, seit 1938 der Geistliche Tiso leitete. Bald nach seinem Amtsantritt als Ministerpräsident der Slowakei forderte dieser ehemalige katholische Theologieprofessor die absolute Autonomie, floh darauf, seines Postens enthoben, im März 1939 nach Berlin, gliederte die Slowakei, als äußerlich selbständigen Staat, militärisch und außenpolitisch Nazideutschland an und wurde im Oktober Staatspräsident.

Nachdem der Papst als einer der ersten den neuen Status der Slowakei anerkannt, Tiso den Rang eines Päpstlichen Kammerherrn und den Titel Monsignore verliehen hatte, segneten die katholischen Bischöfe in einem gemeinsamen Hirtenbrief das klerofaschistische Regime, worauf neunzig Prozent ihrer Geistlichen für Hitler zu beten begannen. Und wie die prominentesten Theologen in Deutschland schon 1933 lehrten, verkündete nun auch Monsignore Tiso: »Katholizismus und

Nationalsozialismus haben viel Gemeinsames und arbeiten Hand in Hand für die Verbesserung der Welt.« So gründete man, nach dem Vorbild der Hitlerjugend, die Hlinkagarde, führte den Arbeitsdienst nach deutschem Muster ein, hob, wie auch in Franco-Spanien, sofort Meinungs-, Presse-, Redefreiheit auf, verbot alle anderen Parteien und bedrängte hart Orthodoxe, Protestanten und Juden. Schließlich schickte der Päpstliche Kammerherr Tiso eine eigene Legion an die Ostfront. Bis zuletzt rief er zur Fortsetzung des Krieges auf und versicherte noch am 27. September 1944: »Die Slowakei wird an der Seite der Achsenmächte bis zum Endsieg stehen.«

In der Tschechei kollaborierte der hohe Klerus ebenfalls mit den Nazis. Der Statthalter von Prag, Frank, stützte sich, wie er noch am 5. Juli 1944 an Hitlers Hauptquartier schrieb, auf die höheren tschechischen Würdenträger der katholischen Kirche.

Von dem geplanten Angriff auf Polen erfuhr Pius XII. durch seinen Berliner Nuntius bereits Mitte August 1939. Hitler ersuchte damals den Papst, den Angriff nicht zu verurteilen und die polnischen Katholiken zu einem Kreuzzug gegen die Sowjets zu gewinnen. Nun ersehnte man zwar im Vatikan seit zwanzig Jahren nichts mehr als die Vernichtung des Kommunismus und der Sowjetunion, womit sich der zweite große Wunsch der Kurie verband, die Unterwerfung der orthodoxen Kirche unter den römischen Katholizismus. Auf der anderen Seite aber war Polen ein rein katholisches, jahrhundertelang dem Vatikan unverbrüchlich ergebenes Land, das zudem ein katholischer Diktator regierte, der enge Verbindung mit dem Papst unterhielt. Des ungeachtet entschied sich Pius XII. für die Opferung Polens und verurteilte Hitlers Überfall sowenig wie die Besetzung der Tschechoslowakei. Selbst als England und Frankreich darauf bestanden, daß der Papst Deutschland als Angreifer erkläre, lehnte er mit dem Hinweis auf die angeblich traditionelle Haltung des Vatikans ab, »die unmittelbare Einmischung in internationale Angelegenheiten vermeidet«.

Während Pius XII. schwieg, wie er Hitler versprochen hatte, redeten seine Prälaten in Deutschland um so lauter. Der Feldbischof Franziskus-Justus Rarkowski beispielsweise erließ zum Polenfeldzug eine Botschaft, die mehr mit Phrasen gespickt war als die Reden des Dr. Goebbels: »Jeder von euch weiß, worum es in diesen Sturmestagen unseres Volkes geht, und jeder sieht bei diesem Einsatz vor sich das leuchtende Vorbild eines wahrhaften Kämpfers, unseres Führers und Obersten Befehlshabers, des ersten und tapfersten Soldaten des Großdeutschen Reiches«, und dergleichen mehr. Nach der Niederlage Polens feierten die deutschen Bistumsblätter begeistert den Sieg, und der Episkopat ließ gleich an sieben Tagen von allen Kirchtürmen ein Festgeläut erschallen. In den darauffolgenden Monaten – während nach dem Attentat auf Hitler (im November) Kardinal Faulhaber in der Frauenkirche einen feierlichen Dankgottesdienst zelebrierte und mit allen bayerischen Bischöfen Hitler zu seiner Errettung beglückwünschte – wurden 214 polnische Priester von den Nazis exekutiert.

Nach dem Polenfeldzug bemühte sich der Papst intensiv um einen Kompromißfrieden zwischen den Alliierten und Deutschland, freilich nur in der Absicht, den Westen gegen das kommunistische Rußland zu führen. »Beenden wir diesen Bruderkrieg«, rief er am 25. Dezember 1939, einen Tag nach Verkündigung seiner Weihnachtsbotschaft, bei einem Empfang des Kardinalkollegiums, »und vereinigen wir unsere Kräfte gegen den gemeinsamen Feind, gegen den Atheismus!« Doch Pacellis Kreuzzugsträume, für die er auch die USA zu gewinnen suchte, blieben unerfüllt. Und als Hitler im April 1940 das schwache protestantische Norwegen überfiel und Pius XII. von vielen Seiten gedrängt wurde, die neue Aggression zu verdammen, hüllte er sich ebenso in Schweigen wie schon früher bei ähnlichen Anlässen. Nur durch den *Osservatore Romano* ließ er andeuten, in Norwegen lebten 2619 Katholiken, in Deutschland aber dreißig Millionen[5].

Nach der raschen, im vatikanischen Staatssekretariat ungeduldig erwarteten Überwältigung Frankreichs übermittelte der päpstliche Nuntius in Berlin begeisterte Glückwünsche, verbunden mit der Hoffnung, »daß wir Leute wie Churchill, Duff Cooper, Eden usw. loswerden müßten«. Und während Pius XII. die deutschen Bischöfe anwies, in allen Kirchen Dankgottesdienste für den Führer zu halten, erteilte er dem mit Hitler liierten Marschall Pétain, der seit längerem guten Kontakt mit Göring und Franco-Spanien hatte, seinen Segen und versicherte dem neuen französischen Botschafter beim Vatikan, die Kirche werde »das Werk der moralischen Wiedergeburt« in Frankreich warmherzig unterstützen. Der *Osservatore Romano* pries am 9. Juli 1940 »den guten Marschall, der mehr als irgend jemand die besten Traditionen seiner Nation verkörpert«, rühmte seine Rettung Frankreichs und schloß mit der Prophezeiung »eines neuen strahlenden Tages, nicht nur für Frankreich, sondern für Europa und die Welt«. Die führende katholische Zeitung Frankreichs, *La Croix*, die nach der Befreiung wegen ihrer Kollaborationspolitik gerichtlich belangt worden ist, forderte täglich zur Zusammenarbeit mit Pétain und Hitler auf, verlangte die schonungslose Beseitigung der Widerstandsbewegung und lobte, der Kurs Pétains stimme »erstaunlich mit den Weisungen des Heiligen Stuhles überein«.

Nach den Blitzsiegen in Polen, Holland, Belgien und Frankreich hielt man in vielen Kreisen der ganzen Welt, nicht zuletzt im Vatikan, den Sieg Hitlerdeutschlands für sicher. Im Herbst 1940 führten der Papst und sein Staatssekretär in Rom lange Unterredungen mit drei deutschen Bischöfen, die dann vor der jährlich in Fulda zusammentreffenden Bischofskonferenz berichteten. Die Prälaten versprachen, eine stärkere Unterstützung des siegreichen Deutschland und seines großen Kanzlers durch das katholische Volk zu veranlassen. Sie beschlossen, ihre Treffen nun in der Hauptstadt des Reiches, in Berlin, durchzuführen, um so ihre engere Verbundenheit zu manifestieren. Und sie vereinbarten die Herausgabe eines neuen offiziellen Organs der deutschen Katholiken durch den Feldbischof der Wehrmacht unter dem Titel *Der neue Wille*. Das Blatt rief auf, für Hitler zu kämpfen.

Dieser Kampf aber wurde am attraktivsten für den Vatikan und seine Helfer, als Hitler am 22. Juni 1941 die Sowjetunion überfiel und damit den sehnlichsten Wunsch der katholischen Hierarchie erfüllte, die seit zwei Jahrzehnten auf der ganzen Welt unermüdlich gegen den Kommunismus geredet und geschrieben hatte. Die Begeisterung des Episkopats und die Hetze gegen Rußland waren in den meisten Ländern ungeheuer. Selbst in den protestantischen USA behauptete im Juli 1941 der wegen seines Antisemitismus bekannte Jesuitenpater Coughlin, der »Radiopriester«, der mehr als zwanzig Millionen Hörer hatte: »Deutschlands Krieg ist ein Kampf für die Christenheit.« Der hohe amerikanische Klerus versuchte, die Regierung Roosevelts zu beeinflussen, was so weit ging, daß manche Vertreter der Kirche, darunter der Bischof Duffy von Buffalo, drohten, die Katholiken in der Armee zur Befehlsverweigerung aufzufordern, falls die USA mit Sowjetrußland ein Bündnis schlössen. Schon am 24. Juli 1941 verlangten auch die Bischöfe Frankreichs Gehorsam gegenüber Pétain. Erst recht eröffnete der Klerus in Italien und Spanien eine starke antisowjetische Kampagne. Und die deutschen Oberhirten, die schon 1941 »mit Genugtuung . . . den Kampf gegen die Macht des Bolschewismus« verfolgten, erklärten auch 1942 noch gemeinsam: »Ein Sieg über den Bolschewismus wäre gleichbedeutend mit dem Triumph der Lehren Jesu über die der Ungläubigen.« Sah man sich doch endlich der Jahrhunderte hindurch angestrebten Unterwerfung der russisch-orthodoxen Kirche nahe.

In Rom hatte man schon lange in einem besonderen Priesterseminar, dem Collegium Russicum, wo man Geistliche in Russisch, Ukrainisch und anderen slawischen Sprachen unterrichtete, Kleriker für eine Missionstätigkeit in der Sowjetunion ausgebildet. Mit der Regierung Hitlers wurde darüber vom Vatikan auch ein spezielles Abkommen geschlossen. Wegen einer Zusammenarbeit der Jesuiten mit SS und Gestapo hatte der General der Jesuiten, Graf Ledochowski, schon 1940 mit Vertretern des deutschen Geheimdienstes konferiert. Bereits ein Jahr vor Hitlers Angriff auf Rußland überschritten jesuitische Absolventen des Collegium Russicum, vom katholischen Bischof Dr. Michal Buzalka 1951 »eine Anstalt zur Erziehung von vatikanischen Agenten« genannt, in Verkleidung und unter falschem Namen die sowjetische Grenze, um im kurialen Auftrag Spionagetätigkeit zu treiben. Die Pläne des Heiligen Stuhles werden auch in einem Rundschreiben des OKW (Oberkommando der Wehrmacht) vom 14. August 1941 erwähnt. Seit 1919, heißt es in dem Dokument, habe die Kurie versucht, das kommunistische Regime zu stürzen. »Eine Gruppe von Vatikanbeamten, als Viehhändler, Ingenieure usw. verkleidet«, sei »besonders in der Ukraine« tätig gewesen. Der Vatikan beabsichtige, »so viele Priester wie möglich in die besetzten Gebiete Rußlands zu schicken, um den Boden für weitergehende Pläne der vatikanischen Politik gegenüber Rußland vorzubereiten«. Am 8. November 1941 wies das OKW alle Oberbefehlshaber der deutschen Armeen im Osten an, mit »Rücksicht auf das Abkommen mit dem Vatikan . . . die missionarische Tätigkeit der katholischen Priester in den besetzten Gebieten zu erleichtern«.

Dem Stellvertreter Christi fehlte es so schon am

29. Juni 1941, eine Woche nach dem deutschen Überfall, »nicht an Lichtblicken«, wie Eugenio Pacelli in einer Rundfunkbotschaft formulierte, »die das Herz zu großen, heiligen Erwartungen erheben: großmütige Tapferkeit zur Verteidigung der Grundlagen der christlichen Kultur und zuversichtliche Hoffnungen auf ihren Triumph«. Womit Pacelli ja kaum die roten Armeen gemeint haben konnte. Und schon rief auch der Sekretär der mächtigen Kongregation der Propaganda Fide, Erzbischof Constantini, bei einem Festgottesdienst: »Gestern auf spanischem Boden, heute im bolschewistischen Rußland selbst, in jenem unermeßlichen Land, wo Satan in den Oberhäuptern der Republiken seine Stellvertreter und besten Mitarbeiter gefunden zu haben schien, schlagen jetzt tapfere Soldaten auch unseres Vaterlandes die größte Schlacht. Wir wünschen von ganzem Herzen, daß diese Schlacht uns den abschließenden Sieg und den Untergang des auf Verneinung und Umsturz gerichteten Bolschewismus bringen möge.« Und Constantini flehte Gottes Segen auf die italienischen und deutschen Soldaten herab, die »in dieser entscheidenden Stunde das Ideal unserer Freiheit gegen die rote Barbarei verteidigen«.

Das entsprach genau der Politik des Papstes, der gerade während des Krieges im internen diplomatischen Verkehr seiner »Bewunderung großer Eigenschaften des Führers« wie nie zuvor Ausdruck gab, sich aber der Welt als »streng unparteiisch allen Kriegführenden gegenüber« präsentierte, als der große Friedenspapst, der »in Liebe alle Nationen vereint«, der »ununterbrochen gerufen und gemahnt hat: Friede, Friede, Friede«.

Doch was beweisen Ansprachen und Aufforderungen zum Frieden? Was beweisen sie gar im Munde eines Papstes, der 1939 auf die Frage nach der Gehorsamspflicht gegenüber Hitler antwortete, daß der »Führer« das legale Oberhaupt der Deutschen sei und jeder sündige, der ihm den Gehorsam verweigere? Was beweisen sie im Munde eines Papstes, der am 8. November 1939 den französischen Bischöfen das Recht zusprach, alle Maßnahmen zur Verteidigung ihres Landes zu unterstützen? Und am 6. August 1940 den deutschen Bischöfen seine Bewunderung ausdrückte für die deutschen Katholiken, die »treu bis in den Tod« für ihre »Volksgenossen« kämpften? Was also beweisen die Reden eines Papstes, der, während er selbst sechs Jahre lang »Friede! Friede!« predigte, durch seine Bischöfe Millionen von Katholiken in allen kriegführenden Staaten zum Kriegsdienst bis zum Zusammenbruch der Fronten *verpflichten* ließ? Nimmt denn ein Denkender die Friedenspredigten eines (solchen) Papstes noch ernst? Diesen Hohn auf die Humanität, diese Beleidigung der Vernunft?

Gar nicht zu reden davon, daß Pius XII. sich als »streng unparteiisch allen Kriegsführenden gegenüber« ausgab, obwohl er, der schon als Staatssekretär die Anwendung »äußerer Machtmittel gegen die bolschewistische Gefahr« gebilligt, mitten im Krieg den Frieden erst »nach einer entscheidenden Niederlage Sowjetrußlands« erhoffte und, wie er gleich durch zwei seiner Nuntien erklären ließ, »dem Führer nichts sehnlicher als einen Sieg über den Bolschewismus« wünschte! Und hatten schon die beiden Nuntien auftragsgemäß die

»Leistung des Führers und des Reiches« gerühmt, so brachte Pius XII. noch einmal selber »nicht nur wärmste Sympathie für Deutschland, sondern auch Bewunderung großer Eigenschaften des Führers« zum Ausdruck.

Wie sehr dieser Papst mit den größten politischen Verbrechern wahrlich nicht nur unseres Jahrhunderts eng verbündet war, wie sehr er sie bis zuletzt unterstützte, beweist nichts deutlicher als sein Verhalten zu den mörderischen Taten im sogenannten »Unabhängigen Kroatien« von 1941 bis 1945, dem bisher letzten großen römisch-katholischen Massaker.

4. Kapitel

Vatikan und Kroatengreuel

Die Katholisierung des Balkans ist ein alter Wunschtraum der römischen Kirche. Seit Ende des vorigen Jahrhunderts suchte sie ihn immer energischer und rücksichtsloser zu realisieren. Zuerst mit Hilfe des Hauses Habsburg, dann mit Unterstützung des imperialistischen Deutschlands unter Wilhelm II., schließlich im Verein mit den Faschisten.

Als Österreich-Ungarn 1878 die türkischen Provinzen Bosnien und Herzegowina besetzte, begann man dort sogleich die Existenz der serbisch-orthodoxen Kirche zu bedrohen. 1880 verlangte der römische Prälat Pressuti in seiner auch vom Papst gelobten Programmschrift *Das Papsttum und die Zivilisation bei den Südslawen* sogar die Auflösung der Türkei, um weiter mit habsburgischer Hilfe den römisch-katholischen Einfluß zu fördern. Ein von Jesuiten geleitetes Priesterseminar nahm der Kaiser selbst unter sein Protektorat. 1881 errichtete er das Erzbistum Sarajewo sowie die Bistümer Banja Luka und Mostar. Und 1908 annektierte er Bosnien und die Herzegowina.

Kurz zuvor hatte der deutsche Geschäftsträger in Wien, Brockdorff-Rantzau, gemeldet, an der Annexion beider Gebiete seien vor allem die katholische Kirche und politisierende Militärs interessiert, womit er die Kreise um den österreichischen Thronfolger Franz Ferdinand meinte, der über seine Frau, die Herzogin von Hohenberg, besonders enge Verbindung zu Pius X. unterhielt. Kurz nach der Annexion gab Kardinalstaatssekretär Mery del Val ganz offen zu, daß die katholische Hierarchie in beiden Provinzen »systematisch« eine

Union der serbisch-orthodoxen Kirche mit der römischen anstrebe. Und als der großserbisch-jugoslawische Widerstand infolge der Annexion weiter wuchs, arbeiteten Vatikan und Kaiserhaus noch enger zusammen, was sich sogleich im Hinblick auf Albanien zeigte, über dessen katholische Kirche Österreich-Ungarn das Protektorat erhielt. Und 1912 auf dem Eucharistischen Kongreß in Wien – wo der Kaiser dem päpstlichen Legaten mit dem »Allerheiligsten« folgte und ein Jesuit über »Die Beziehungen zwischen der Heiligen Eucharistie und dem Hause Habsburg« sprach – forderte der Bischof Sereggi von Skutari das bewaffnete Einschreiten Österreichs in Albanien. Im selben Jahr propagierte die führende österreichische Kirchenzeitung, *Österreichs katholisches Sonntagsblatt*, fast unverhüllt einen europäischen Krieg: »All das Elend! Das Morden! Der wirtschaftliche Ruin! Aber muß es nicht heute oder morgen dahin kommen? Unter den Gefühlswerten eines solchen Krieges bricht auch der moderne Liberalismus zusammen. Es schadete Europa nichts, wenn seine Verhältnisse einmal gründlich durchgerüttelt würden.« Und der Wiener Kardinal Nagl schrieb damals im selben Blatt: »Nicht um die Balkanstaaten handelt es sich, sondern um die erste Gelegenheit, im Slawentum, der unstreitig aufsteigenden Rasse, zum erstenmal auf breiter Basis festen Fuß zu fassen. Uns fehlt für die Zukunft des Slawentums *ein katholisches Slawenreich . . . Die Kirche darf den Augenblick*, die vielleicht entscheidende Stunde des Slawentums, *nicht verpassen*.«

Nun, sie verpaßte nichts. Sie förderte die österreichischen Interessen auf dem Balkan derart, daß zum Dank dafür Anfang 1914 ein ganzer Ordensregen auf die Kurie niederging; achtundzwanzig vatikanische Prälaten wurden in Wien ausgezeichnet. Mitte Juli berichtete der deutsche Botschafter in Wien, Prinz Stolberg, nach Berlin, der österreichische Außenminister Graf Berchtold, übrigens gläubiger Katholik, habe auf seine Frage, was geschähe, wenn Serbien alle österreichischen Forderungen annähme, geantwortet: Er halte es für ausgeschlossen, daß selbst eine Regierung wie die serbische solche Forderungen annähme. Sollte dies aber doch der Fall sein, so bleibe eben nichts anderes übrig, als auch nach Annahme aller Bedingungen Serbien so lange zu reizen, bis Österreich die Möglichkeit erhalte, in Serbien einzumarschieren.

Eben das war es, was Pius X. und sein Staatssekretär wünschten, wie wir aus verschiedenen Unterredungen des Papstes mit dem österreichischen Prinzen Schönburg im Herbst 1913 ebenso wissen wie aus dem berühmten Telegramm des bayrischen Geschäftsträgers beim Heiligen Stuhl, Baron Ritter, vom 26. Juli 1914. Daß Pius X. buchstäblich noch am Vorabend des Krieges nicht für den Frieden eintrat, sondern bedauerte, daß Österreich-Ungarn nicht schon früher ähnliche ultimative Schritte unternommen habe, bestätigt eindeutig auch ein Bericht des österreich-ungarischen Gesandten, Graf Pálffy, an seinen Außenminister über ein Gespräch mit Kardinalstaatssekretär Mery del Val am 27. Juli 1914: »Im Laufe der letzten Jahre drückte Seine Heiligkeit mehrmals ihr Bedauern darüber aus, daß Österreich-Ungarn es versäumt hat, seinen gefährlichen Donau-Nachbarn zu bestrafen . . . Der Papst und die

Kurie sehen in Serbien eine nagende Krankheit, die das Mark der Monarchie langsam zerstört und mit der Zeit deren Auflösung verursachen wird. Die Vernichtung dieses Bollwerks würde für die Kirche den Verlust des festesten Stützpunktes in ihrem Kampf gegen die Orthodoxie und damit auch den Verlust ihres stärksten Vorkämpfers bedeuten.« Kardinalstaatssekretär Mery del Val seinerseits drückte die Hoffnung aus, die Monarchie werde »bis zum Äußersten gehen«.

Am nächsten Tag erklärte Österreich Serbien den Krieg. Er kostete bekanntlich zehn Millionen Menschenleben (wobei die Rüstungsindustrie einen Reingewinn von 60 000 Mark pro Toten kassierte), löschte die Donaumonarchie für immer aus, während der Vatikan, der das Gemetzel mitverschuldet hatte, es wie immer glänzend überstand. Und was er im Ersten Weltkrieg mit Hilfe Österreich-Ungarns nicht erreicht hatte, erstrebte er im Zweiten Weltkrieg an der Seite Hitlers.

Die Kurie entfaltete nun eine intensive Tätigkeit in Jugoslawien, vor allem über die Katholische Aktion. Doch obwohl dort die römische Kirche volle Freiheit und Gleichheit genoß, operierte sie vor dem Krieg mit wenig Erfolg. Nach der Ablehnung des vatikanisch-jugoslawischen Konkordates durch das jugoslawische Volk (einschließlich der meisten Katholiken) im Jahr 1937 erklärte der jugoslawische Episkopat, »zur Gutmachung aller Ungerechtigkeiten die erforderlichen Maßnahmen ergriffen« zu haben. Und der damals besonders gekränkte, an der Ausarbeitung des Konkordates beteiligte Staatssekretär Pacelli drohte in einer Rede an das Konsistorium: »Es kommt der Tag (er möchte es nicht gerne sagen, doch sei er seiner Sache sicher), wo die Zahl jener nicht gering sein wird, die sehr bedauern werden, ein großmütiges und großherziges gutes Werk ausgeschlagen zu haben, das der Statthalter Christi ihrem Lande anbot.«

Diese Drohung Eugenio Pacellis begann sich nur wenige Jahre später, nach dem Einmarsch der deutschen Truppen am 6. April 1941, in einem Maße zu erfüllen, das die schlimmsten Massaker des christlichen Mittelalters noch übertrifft und trotzdem bis vor kurzem im weitaus größten Teil Europas unbekannt geblieben ist.

Im Frühjahr 1941 gelangte mit Hilfe der deutschen und italienischen Verbündeten des Papstes die faschistisch-katholische Bewegung Kroatiens, die Ustascha-Partei (*ustaša* = der Aufständische), zur Macht, angeführt von Dr. Ante Pavelić, einem ehemaligen Rechtsanwalt aus Agram. Seit 1929 hatte sich Pavelić meist in Italien aufgehalten und unter anderen Verbrechen auch das Attentat auf König Alexander von Jugoslawien organisiert, der am 9. Oktober 1934 in Marseille landete, um den verbündeten Franzosen einen Besuch abzustatten, aber noch im Hafenviertel, zusammen mit dem französischen Außenminister Barthou, ermordert wurde. 1936 feierte Pavelić in einer Denkschrift Hitler als Deutschlands »größten und besten Sohn«. Mitte April 1941 avancierte er, von Mussolini mit Waffen und Geld für seine Banden ausgerüstet, zum Staatschef des »Unabhängigen Kroatien«. Im Mai reiste er mit seinen Ministern und mehreren Geistlichen, darunter der Generalvikar des Erzbischofs Stepinac, Bischof Salis-

Sewis, nach Rom, trat große Teile des Landes an Italien ab und bot die sogenannte Krone Zvonimirs dem König und Kaiser Viktor Emanuel für den Herzog Aimone von Spoleto an, der bereits am 17. Mai als designierter kroatischer König im Vatikan erschien.

Einen Tag später wurde auch Pavelić – wegen des Doppelmordes von Marseille zweimal, von Frankreich und Jugoslawien, in Abwesenheit zum Tode verurteilt – in besonders feierlicher Privataudienz von Pius XII. empfangen und gesegnet. Der Papst entließ ihn und seine Suite in freundschaftlichster Weise mit den besten Wünschen für die »weitere Arbeit«.

Darauf wurden im »Unabhängigen Kroatien« 299 serbisch-orthodoxe Kirchen ausgeraubt und vernichtet, weitere Kirchen in katholische umgewandelt, in Schlachthäuser, Warenhäuser, öffentliche Toiletten und Ställe. In Gegenden, wo die Serbisch-Orthodoxen die Bevölkerungsmehrheit bildeten, hat man ihre Kirchen meist total zerstört, wo die Orthodoxen eine Minderheit waren, wurden ihre Kirchen für katholische Zwecke umgewandelt. Alles zeigt, daß eine wohlgeplante Politik befolgt worden ist. Der ganze Besitz der serbisch-orthodoxen Kirche ging in den Besitz der katholischen über.

». . . weitere Arbeit«: In Zagreb, wo der Primas der kroatischen Katholiken, Erzbischof Stepinac, und der apostolische Nuntius Marcone residierten, schlug und quälte man den orthodoxen Metropoliten Dositej derart, daß er wahnsinnig wurde. Andere orthodoxe Patriarchen und Bischöfe schleppte man nach Dachau oder in italienische Konzentrationslager, wo sie bis zum Ende des Krieges blieben. Drei orthodoxe Kirchenfürsten, der Bischof Platon von Banja Luka, der Metropolit von Sarajewo, Peter Zimonjić, und der Bischof von Sava sowie mehrere hundert orthodoxe Kleriker wurden ermordet. Bischof Platon und seinem Begleiter, dem Priester Dusan Subotić, stach man, während auf ihrer Brust ein Feuer brannte, die Augen aus, schnitt ihnen Nase und Ohren ab und gab ihnen endlich den Todesstoß. Überall forderte der katholische Klerus die Orthodoxen zur Konversion auf. »Wenn ihr zur katholischen Kirche übergetreten seid«, versprach der Bischof Aksamović von Djakovo, »werdet ihr in euren Häusern in Ruhe gelassen werden.« Viele wurden so katholisch, noch mehr aber wurden massakriert: erschossen, erstochen, zerstückelt, lebendig begraben oder gekreuzigt.

Als Pavelić am 26. Juni 1941 den katholischen Episkopat in Audienz empfing und Erzbischof Stepinac sagte: »Wir bezeugen von ganzem Herzen Ehrerbietung und versprechen ergebene und treue Mitarbeit für die strahlendste Zukunft unseres Vaterlandes«, hatte man innerhalb von sechs Wochen bereits drei orthodoxe Bischöfe, mehr als hundert orthodoxe Priester und Ordensleute sowie 180 000 Serben und Juden ermordet.

». . . weitere Arbeit« wurde schon im Monat darauf, im Juli 1941, geleistet, als Ustaschen in Häusern, Schulen, Wäldern und Feldern, Kirchen und Gefängnissen in wenigen Tagen über 100 000 serbische Frauen und Kinder niedermachten. Die Kirche von Glina beispielsweise wurde nach einem Bericht des beteiligten Ustascha Hilmia Berberović in einen Schlachthof verwandelt. »Das Blutbad dauerte von abends 10 Uhr bis morgens 4 Uhr und ging acht Tage weiter. Die Uniformen der Schlächter mußten gewechselt werden, weil sie vom Blute durchnäßt waren. Man findet später aufgespießte Kinder mit noch vor Schmerz verkrümmten Gliedern«. 2000 serbische Männer, Frauen und Kinder kamen bei dem Gemetzel um, das der aus Glina stammende Justizminister Dr. Mirko Puk und der Prior des Franziskanerklosters von Cuntic, Hermenegildo alias Castimir Hermann, veranlaßt hatten.

». . .weitere Arbeit« vollbrachten die Söhne des hl. Franz von Assisi, deren Klöster den Ustaschen schon lange als Waffenlager dienten. Franziskaner fungierten als Berater in der Umgebung des Pavelić, wie der große Organisator der Ustaschen, Pater Radoslav Glavas, der täglich bei Pavelić Zutritt hatte. Franziskaner waren Feldpriester wie Pater Simić, der am 21. Mai 1941 in Knin auf die Frage des italienischen Kommandeurs der »Sassari-Division« nach den Richtlinien seiner Politik erklärte: »Alle Serben in möglichst kurzer Zeit zu töten.« Und als der General seinen Ohren nicht traute und bat, das zu wiederholen, wiederholte der Pater prompt: »Alle Serben in möglichst kurzer Zeit zu töten. Das ist unser Programm.«

So wird verständlich, daß Franziskaner damals bewaffnet umherliefen und das Volk zur Ermordung der Orthodoxen aufhetzten; daß sie Ustaschen kommandierten, Massaker organisierten oder Henkersposten in Konzentrationslagern übernahmen, die im »Unabhängigen Kroatien« nur so aus dem Boden schossen, sogar für Kinder. Von 24000 Kindern, die allein in Jasenovać steckten, wurde die Hälfte ermordet. Gerade in diesem KZ, »Todeslager« genannt und berüchtigt wegen seiner

Massenenthauptungen – rund 120000 Serben kamen darin um –, waren die Franziskaner maßgeblich tätig. Im Herbst 1942 hat der Franziskaner Miroslav Filipović-Majstorović, genannt »Bruder Teufel«, dieses Lager geleitet, wobei ihn Geistliche unterstützten. In vier Monaten wurden dort unter seinem Kommando 40000 Menschen liquidiert. Allein der Franziskaner-Stipendiat Brzica hat in einer Nacht, am 29. August 1942, 1360 Menschen mit einem Spezialmesser geköpft.

In und außerhalb solcher Lager kam es im katholischen »Unabhängigen Kroatien« zu Grausamkeiten, neben denen die Taten von Hitlers KZ-Schergen beinah verblassen. Haben doch sogar die Deutschen gegen »wahrhaft entsetzliche Vorgänge« in Kroatien protestiert: der Sonderbevollmächtigte des Auswärtigen Amtes für den Südosten, Hermann Neubacher; der General Glaise von Horstenau; der Gesandtschaftsrat Troll und selbst der Sicherheitsdienst der SS. Die Ustaschen bohrten glühende Nadeln unter die Fingernägel und streuten Salz in offene Wunden. Sie verstümmelten alle möglichen Körperteile. Mit Vorliebe schnitten sie ihren Opfern lebend Nasen, Ohren ab und stachen ihnen die Augen aus. Die Italiener fotografierten einen Ustaschen, der um seinen Hals zwei Ketten aus menschlichen Zungen und Augen trug. Und als der italienische Schriftsteller Curzio Malaparte in Zagreb Pavelić interviewte und sich nach dem Inhalt eines Korbes erkundigte, der auf Pavelić' Schreibtisch stand, hob der Mann, den Pius XII. gesegnet hatte, den Deckel des Korbes und meinte mit einem müden, freundlichen Lächeln: »Ein Geschenk meiner treuen Ustaschen.

Vierzig Pfund menschlicher Augen!« Selbst wenn dies eine makabere Übertreibung wäre, charakterisiert es doch Natur und Schreckensstaat des Pavelić.

Daß bei der Ermordung der Serben durch die Kroaten alte rassische Gegensätze eine Rolle spielten, wurde mir gegenüber in Jugoslawien stets entschieden bestritten. Und würde es, wäre es so, die katholische Kirche entlasten? Bis zuletzt arbeitete sie eng mit dem Regime zusammen, das überdies, wie der deutsche Nachrichtendienst im Sommer 1941 aus Zagreb meldete, von einem »nicht unbeträchtlichen Teil der kroatischen Bevölkerung« abgelehnt wurde, selbst »von kroatischen Nationalisten, sogar von alten Anhängern der Ustascha«. Ging doch überhaupt die Initiative zu den Massakern niemals vom einfachen Volk aus, sondern stets von den Ustascha-Führern, denen in Uniformen und denen in Priester- und Mönchsgewandung.

Mehrere Bischöfe saßen im Ustascha-Parlament. Ganz offen proklamierte die Zeitung des Erzbistums Sarajewo, dessen schwerbelasteter Mörder-Bischof Ivan Sarić 1960 in Franco-Spanien starb, den Katholizismus zu verkünden »mit Hilfe von Kanonen, Maschinengewehren, Panzern und Bomben«.

Kleriker fungierten auch als Polizeichefs und als Offiziere in Pavelić' Leibwache. Der Jesuit Dragutin Kamber, der am 16. August 1941 in *Novi List* Hitlers Soldaten als Kämpfer für die »politische und soziale Gerechtigkeit«, als Erbauer der »Fundamente einer glücklichen Welt für künftige Generationen« feierte, war Polizeichef von Doboj (Bosnien) und ist allein verantwortlich für den Mord an Hunderten von orthodoxen Serben. Wie viele andere Ustaschen lebte der Jesuit später (als Dr. Charles Kamber) in den USA.

Der Geistliche Bozidar Bralo reiste, zum Präfekten ernannt, nur noch mit dem Maschinengewehr durchs Land, immerzu brüllend: »Nieder mit den Serben!« Er beteiligte sich an der Niedermetzelung von 180 Serben in Alipacin Most und machte mit den Ustaschen einen Freudentanz um die Ermordeten.

In Prebilovci und Surmanci, Herzegowina, wo man 559 Serben, lauter alte Männer, Frauen und Kinder, umbrachte, waren unter den Mördern die beiden katholischen Priester Ilija Tomas und Marko Hovko. Branimir Zupancić, Kuratus in Rogolje, massakrierte 400 Menschen.

Überall gab es Geistliche, die predigten: »Bis jetzt, meine Brüder, haben wir für unsere Religion mit Kreuz und Brevier gearbeitet, nun ist die Zeit gekommen für den Revolver und das Gewehr.« Oder: »Es ist keine Sünde mehr, ein siebenjähriges Kind zu töten, wenn es gegen die Gesetzgebung der Ustaschen verstößt. Obwohl ich das Kleid des Priesters trage, muß ich oft nach dem Maschinengewehr greifen.«

Die katholische Presse versicherte bei jeder Gelegenheit der Ustascha-Partei ihre Sympathie. In einer Fülle von Artikeln begrüßte sie »das neue und freie Kroatien als einen christlichen und katholischen Staat«, sah sie das »Kroatien Gottes und Marias aus alten Zeiten ... wiedererstanden«, sah »Christ und Ustaschen, Christ und Kroatien ... zusammen durch die Geschichte« marschieren, beteuerte dem von Gott gesandten Pavelić die Loyalität und feierte Hitler als »Kreuzfahrer Gottes«. Die Zeitung *Nedelja*, die in Zagreb erschien, schrieb am 27. April 1941: »Gott, der die Geschichte der Nationen lenkt und die Herzen der Könige regiert, hat uns Ante Pavelić gegeben und den Führer eines uns befreundeten und verbündeten Volkes, Adolf Hitler, bewegt, mit seinen siegreichen Truppen unsere Unterdrücker zu zerstreuen und die Gründung des Unabhängigen Kroatischen Staates zu ermöglichen. Ruhm sei Gott, unsere Dankbarkeit Adolf Hitler und unendliche Treue unserem Poglavnik, Ante Pavelić.« Die kroatische Radiostation von Zagreb meldete am 29. Juli: »Im Unabhängigen Kroatien gibt es keine Serben und keine sogenannte serbisch-orthodoxe Kirche . . . Es kann keine Serben und keine Orthodoxie in Kroatien geben, die Kroaten werden sobald als möglich dafür sorgen.«

Das Programm dafür hatten die katholischen Minister des klerofaschistischen Kroatien eindeutig formuliert. So forderte der Außenminister Dr. Mladen Lorković, »daß das kroatische Volk alle die ausländischen Elemente, die seine Kräfte schwächten, vernichten muß, diese Elemente sind die Serben und die Juden.« Und der Minister für Erziehung, Dr. Mile Budak, der bekannte: »Alle unsere Taten gründen sich auf die Treue zu der Religion und zur katholischen Kirche«, erklärte rundheraus: »Wir töten einen Teil der Serben, wir vertreiben einen anderen, und der Rest, der die katholische Religion annehmen muß, wird in das kroatische Volk aufgenommen werden.«

Aber auch der Primas der kroatischen Katholiken, Erzbischof Dr. Stepinac, kollaborierte von der ersten bis zur letzten Stunde mit dem Regime: »Obwohl die aktuellen Ereignisse«, schrieb Stepinac in einem Hirtenbrief vom 28. April 1941, »sehr verwickelt sind, obwohl die Faktoren, die ihren Lauf beeinflussen, sehr verschieden sind, ist es jedoch leicht, die Hand Gottes in diesem Werk zu erkennen.« So gab der Erzbischof Bankette zu Ehren der Verbrecher, er warb für sie von der Kanzel herab, förderte sie durch Hirtenbriefe, durch ein Soldatengebetbuch und ein Memorandum an den Papst. Er rief Volk und Klerus zur engen Zusammenarbeit mit den Ustaschen auf. Er empfing Pavelić, umgeben von kirchlichen Würdenträgern, am Portal der Markuskirche in Zagreb und feierte mit tönenden Phrasen die Gründung des Ustascha-Parlaments, dem er selbst und zehn seiner Geistlichen angehörten.

Auch der Papst war über die Folterung und Ermordung von Hunderttausenden von Männern, Frauen und Kindern im katholischen Kroatien genau unterrichtet. Die italienischen Zeitungen schrieben damals ganz offen über die Massaker. So stand am 18. September 1941 in einem Bologneser Blatt: »Der erste Bruder von Assisi sprach mit den Vögeln und Fischen und nannte sie Brüder und Schwestern, aber seine Jünger und geistlichen Erben, voll von Haß, massakrieren die Menschen im Unabhängigen Staat von Kroatien, die vor Gott dem Vater ihre eigenen Brüder sind, Brüder von demselben Blut, derselben Sprache und derselben Muttererde, die sie genährt hat mit dem Saft ihrer Brüste. Sie massakrieren, sie töten und begraben die Menschen lebendig, sie werfen ihre Opfer in die Flüsse, das Meer und in Schluchten. Scharen von diesen Mördern existieren und sind in einem Zustand wahnsinniger Erregung, angeführt von den Priestern und den katholischen Beamten.«

Aus vielen Teilen der Welt und von allen alliierten Regierungen trafen Protestschreiben im Vatikan ein. Auch der katholische Bischof von Belgrad, Dr. Ujcić, sandte laufend (in bester Absicht) Informationen über die Gemetzel. Das Staatssekretariat besaß Fotoalben von Bluttaten und Massenbekehrungen. Pavelić' Attaché in Rom, Nikola Rusinović, berichtete am 9. Mai 1942 von 8000 im Vatikan gesammelten Fotos »als Beweis für die Verbrechen der Ustaschen an der serbischen Bevölkerung«. Und sogar Prälaten der Kurie empörten sich, wie Kardinal Tisserant, der gestand: »In der Tat, es ist entsetzlich. Es ist kaum möglich, sich vorzustellen, daß solche Scheußlichkeiten begangen werden. Ich erfuhr aus sicherer Quelle, daß die Franziskaner von Bosnien und der Herzegowina sich bedauerlich aufgeführt haben. Solche Taten sollten nicht von zivilisierten und gebildeten Menschen verübt werden und noch viel weniger von Priestern.«

Schließlich wurde der Vatikan auch durch einen eigenen Verbindungsmann, Krunoslav Draganović, Mitglied des Komitees für Bekehrung und Kaplan im Konzentrationslager Jasenovać, informiert sowie durch den Benediktiner Giuseppe Ramiro Marcone, den Pius XII. am 13. Juni 1941, am Namenstag des Pavelić, unter dem Titel eines päpstlichen ›Visitators‹ zum Vertreter der Kurie in Zagreb ernannt hatte. Marcone, de facto als Nuntius tätig, nahm an öffentlichen Kundgebungen teil, er saß im Ustascha-Parlament in der Diplomatenloge, erschien zwischen hohen Offizieren Hitlers, Mussolinis und Pavelić', er besichtigte, Seite an Seite mit diesem, die Ustascha-Jugend, und er wünschte ihm zum Namenstag am 15. Juni 1942, »daß Kroatien alle Schwierigkeiten überwinde und zu blühen beginne unter der Führung von Ante Pavelić«. Und Erzbischof Stepinac ist seinerzeit selber zweimal in Rom gewesen und vom Papst empfangen worden.

Der *Osservatore Romano* aber versicherte, die Bekehrung der Serben geschähe, »ohne den geringsten Druck der zivilen oder religiösen Behörden«. Mit dieser Behauptung des päpstlichen Blattes vergleiche man das Memorandum, das die Führer der *katholischen* Slowenen am 1. März 1942 an den katholischen Bischof Ujcić von Belgrad richteten, über den es den Vatikan erreichen sollte: »Im Unabhängigen Staat von Kroatien wurden alle orthodoxen Bischöfe und Priester entweder getötet, gefangengesetzt oder in Konzentrationslager geschickt, ihre Kirchen und Klöster zerstört oder beschlagnahmt. Es ist das eingestandene Hauptziel der Politiker in Zagreb, die serbische Bevölkerung in Kroatien auszulöschen. Die Konversionen zum Katholizismus haben dort nichts zu tun mit religiöser Überzeugung und sind erniedrigende Vorgänge für die katholische Kirche, deren Ansehen und Würde sie außerordentlich bloßstellen. Jeder unparteiische Beobachter muß zugeben, daß die Übertritte der serbischen Orthodoxen zum Katholizismus unter schrecklichem politischem Druck erfolgten. Steht es doch außer Zweifel, daß die Orthodoxen Kroatiens, die aus innerer Überzeugung konvertierten, an einer Hand zu zählen sind . . .« Die slowenischen Katholiken schließen: »Wir sind überzeugt, der Vatikan wird nach Kenntnis des Berichtes gegen das tragische Schicksal, das die Serben erwartet, protestieren und das Ansehen des jugoslawischen Katholizismus retten. Vertraut mit der Lage in unserem Vaterland, erachten wir es für notwendig, daß: 1. der Heilige Stuhl die blutige Verfolgung der Serben und ihrer Kirche öffentlich verdammt; 2. der Heilige Stuhl alle Übertritte zum Katholizismus unter der bestehenden Schreckensherrschaft verbietet; 3. Personen, die zum Katholizismus konvertieren wollen trotz des allgemeinen Verbotes, einer besonderen Erlaubnis des Heiligen Stuhles bedürfen, der jeden einzelnen Fall prüft; 4. der Heilige Stuhl die kroatischen Bischöfe veranlaßt, die serbisch-orthodoxen Christen und ihre Priester unter ihren Schutz zu nehmen.«

Während dies alles also, nochmals sei es betont, von gläubigen Katholiken festgestellt und vom Papst eingefordert wurde, ernannte er den Primas der kroatischen Kirche zum Militärvikar der Ustaschen. Duldete er die Zugehörigkeit von Bischöfen und anderen Geistlichen zum Ustascha-Parlament. Drückte er am 27. März 1942 seine »Genugtuung« über den kroatischen Episkopat aus und segnete ihn in Anerkennung seiner großen Verdienste. Empfing er uniformierte Ustaschen und sandte seinen Legaten Marcone zu deren Sitzungen und Feiern. Korrespondierte er huldvoll mit Pavelić und segnete auch diesen größten Verbrecher aller Satellitenstaaten zu Beginn seiner blutigen Laufbahn, während derselben und noch zuletzt – nachdem er mit Zentnern geraubten Goldes und kirchlicher Hilfe um die halbe Welt geflohen, in Mönchskutten und unter falschem

Namen in österreichischen, in römischen Klöstern verborgen und schließlich in Franco-Spanien dem Zugriff der Justiz entzogen worden war. Ja, Pius XII. ehrte und erhöhte Pavelić' engsten Bundesgenossen, den Erzbischof Stepinac, noch im Gefängnis, innig wünschend, »daß Unser Entschluß, ihn mit der Würde des römischen Purpurs auszuzeichnen, keinem anderen Grund entspringt, als ihm in geziemender Weise seine großen Verdienste zu vergelten«.

Seine großen Verdienste? Stepinac errang sie als Primas eines Regimes, das 299 orthodoxe Kirchen zerstört, 240 000 Orthodoxe zwangsbekehrt und, oft nach grauenvollen Folterungen, 750 000 Orthodoxe sowie achtzig Prozent aller jugoslawischen Juden ermordet hat.

Das vergalt Pius XII. mit der Beförderung zum Kardinal.

Und seine eigenen Verdienste? All die herrlichen Erfolge, wie vergilt man sie? Was verdient ein Papst, der nicht nur mit Pavelić im Bunde war, sondern auch mit Mussolini, Franco, Hitler? Und mit ihrer Hilfe, über 55 Millionen Tote hinweg, die Russen bis an die Grenze Bayerns brachte? Weshalb er nach dem Kriege – in Europa wieder vor allem auf einen deutschen Kanzler gestützt – mit unversöhnlichem Starrsinn seine Katastrophenpolitik fortsetzte, wobei er sogar den Atomkrieg erlaubte, offensichtlich bemüht, rückgängig zu machen, was er selber mitverschuldet hat, auch wenn es zehnmal soviel Opfer kosten würde?

Nun, ein solcher Mann verdient ganz offenbar die Heiligsprechung! Ohne Zögern schloß ich deshalb mein im Oktober 1965 erschienenes Buch *Mit Gott und den*

Faschisten mit dem Satz, »daß es bei der Taktik der römischen Kirche nicht verwunderlich wäre, spräche man ihn heilig.« Und bereits einen Monat später beeilte sich Papst Paul VI., Pacellis Seligsprechung einzuleiten, dieses »hervorragenden, frommen und uns sehr teuren« Papstes, dem nicht nur die Kirche selbst, sondern auch »die Welt viel schulde«.

Anmerkungen

Kapitel 1: Vatikan und italienischer Faschismus

1 Später besitzt die Familie eines der letzten Päpste, die Familie Pacelli, bedeutenden Einfluß in dieser Bank. Wie denn die drei Neffen des mit den Faschisten eng liierten Pius XII. – Marcantonio, Carlo und Giulio Pacelli – unter seinem Pontifikat hohe Würdenträger des Vatikans und gleichzeitig Präsidenten und Aufsichtsräte maßgeblicher Monopolgesellschaften waren, an fast allen großen italienischen Finanzskandalen der Nachkriegszeit teilhatten und sich während der Amtszeit ihres päpstlichen Onkels ein Vermögen von ungefähr 120 Millionen DM »erwarben«.

2 Er erhielt nach Ratifizierung der Verträge den Titel eines Markgrafen und wurde 1940, nach der Krönung seines Bruders zum Papst, in den erblichen Fürstenstand erhoben. Seine Söhne sind die drei päpstlichen Neffen (vgl. Anm. 1).

Kapitel 2: Vatikan und Spanischer Bürgerkrieg

1 Es verdient Erwähnung, daß zu den Geistlichen, die es nicht mit den Rebellen hielten, auch zwei hohe Kleriker gehörten, die sich weigerten, den Hirtenbrief des spanischen Episkopats zu unterzeichnen, der 1937 die Katholiken aller Länder zur Unterstützung der Faschisten aufrief – zwei Bischöfe, die, fast von der ganzen katholischen Welt ignoriert, bis zuletzt das Franco-Regime verurteilten und mutig für das Volk und seine Regierung eintraten: der Erzbischof von Tarragona, Kardinal Vidal y Barraquer, und der Bischof von Vitoria, Mateo Múgica.

Kapitel 3: Vatikan und Nationalsozialismus

1 In meiner Kirchengeschichte *Abermals krähte der Hahn* zeige ich im letzten Kapitel, daß es der Kardinal Frings von Köln war, der am 23. Juni 1950 auf dem deutschen Katholikentag als erster öffentlich in Deutschland die Wiederaufrüstung forderte.

Nicht ohne Interesse ist auch, daß der Päpstliche Kammerherr von Papen, der im Verein mit der Kirche das geheime Zusatzprotokoll für den Fall einer allgemeinen Wehrpflicht in Deutschland getroffen hatte, bis Kriegsende für Hitler tätig war, von ihm mit dem Goldenen Parteiabzeichen »für treue Dienste« und mit dem Ritterkreuz zum Kriegsverdienstkreuz ausgezeichnet, beim Nürnberger Prozeß – gegen den Einspruch der Sowjetunion – freigesprochen wurde; ja, daß er, nachdem er den Deutschen wegen ihres Führerkultes »mangelnde Intelligenz« und »Denkträgheit« vorgeworfen hatte, schließlich durch die Bundesrepublik eine Pension bezog.

2 Der Münchner Weihbischof Neuhäusler verfuhr deshalb in seinem *Kreuz und Hakenkreuz*, einem vielzitierten katholischen Standardwerk, bei der Wiedergabe des wichtigen Dokuments folgendermaßen: Er unterdrückte alle Bekenntnisse der Bischöfe zum Nazismus, die Haupttendenz des Briefes, ausnahmslos. Zehn längere Stellen fielen so ganz fort. Neunmal ließ Neuhäusler, ohne Kennzeichnung, Sätze oder kleine Abschnitte weg und veränderte sogar wiederholt willkürlich den in Anführungszeichen stehenden Text. Das Hirtenwort ist in diesem angeblichen Urkundenwerk »derart verändert worden, daß man es fast nicht wiedererkennt«, das Verfahren des Weihbischofs »ein Schlag gegen die geschichtliche Wahrheit«.

3 Die Sammlung des katholischen Herder-Verlages *Zeugnis und Kampf des deutschen Episkopats, Gemeinsame Hirtenbriefe und Denkschriften* ließ deshalb die Hirtenbriefe aus den Jahren 1933 und 1934 ganz fort und erwähnte nur im Kommentar einige davon. In einer Untersuchung der katholischen Nachkriegsliteratur zum Kirchenkampf kommt Hans Müller 1961 zu dem Resultat: »Das, was gesagt oder abgedruckt wird, ist derart einseitig, daß von objektiver Berichterstattung keine Rede mehr sein kann. Wesentliche Dinge werden übergangen, unwesentlichere in aller Breite geschildert. Die vorgebrachten Entschuldigungen sind nur in den wenigsten Fällen wirklich stichhaltig. Die Tendenz, alle Schuld auf die Nationalsozialisten abzuschieben, um das eigene Versagen dahinter besser verbergen zu können, liegt bei den meisten dieser Bücher klar auf der Hand.« (vgl. auch Anm. 2)

4 Nicht mehr als törichte Täuschung und Verkehrung der Wirklichkeit sind auch alle Darstellungen, wonach die Bischöfe und andere katholische Würdenträger sich nur in den ersten Jahren des Regimes hinter Hitler stellten. Denn Tatsache ist das Gegenteil. Tatsache ist, daß sie bis in die letzten Jahre des Zweiten Weltkrieges Hitler mit zunehmender Intensität unterstützten. Einzeln oder gemeinsam traten sie immer wieder und eindringlich für ihn und seinen Staat ein.

5 Auch die Angriffskriege Mussolinis hat der Papst niemals verurteilt; weder den italienischen Überfall auf Abessinien noch den auf Albanien oder auf Griechenland. Sollten diese Raubzüge doch nicht nur seinen faschistischen Bundesgenossen stärken, sondern auch jene Länder für die katholische Mission erschließen.